Vocabulaire de base

Exercices pratiques

rédigés par Brigitte Cuinet

Ernst Klett Stuttgart

Table des matières

1. Auflage. 1 11 10 | 1983

Alle Drucke dieser Auflage können im Unterricht nebeneinander benutzt werden. Die letzte Zahl bezeichnet das Jahr dieses Druckes.

Druck: Gutmann + Co. Heilbronn. Printed in Germany.
ISBN 3-12-523520-0

Mode d'utilisation

pour celui qui apprend

Vous voulez apprendre le français, le comprendre et le parler. Ce n'est pas aussi facile que certains le pensent, mais ce n'est pas, non plus, aussi difficile que d'autres le croient! Le but de ce livre est de vous y aider. Il met à votre disposition des exercices se rapportant aux 2000 mots français les plus courants. Vous trouverez ce vocabulaire de base dans le petit livre de M. Nickolaus: «Grund- und Aufbauwortschatz Französisch».
Evidemment, rien ne se fait tout seul. Et la réussite dépendra de vos efforts et de votre méthode de travail. Tout le monde sait que le sportif doit s'entraîner régulièrement s'il veut arriver à quelque chose. Il en est de même pour celui qui veut apprendre une langue. Il doit toujours chercher à s'exercer et répéter ce qu'il vient d'apprendre.

Essayez pour cela de vous en tenir aux règles suivantes:

1. Travaillez de façon régulière! En consacrant 20 minutes par jour à ces exercices, vous apprendrez deux fois plus de choses qu'en travaillant 2 heures de temps une fois par semaine.
2. Revoyez toujours ce que vous venez d'apprendre avant de commencer quelque chose de nouveau! Les mots qu'il vous faut trouver dans ces exercices commencent, dans chacun des chapitres, par la même lettre. Il vous suffit donc d'ouvrir votre «Nickolaus» et de revoir tous les mots commençant par cette lettre avant de vous mettre au travail.
3. Répétez plusieurs fois les mots difficiles! Même si vous êtes très travailleur, il y aura toujours des mots que vous aurez du mal à retenir. Notez-les dans un cahier et relisez-les souvent.
4. Ne cherchez pas à vous tromper vous-même! Faites l'exercice en entier avant de regarder les réponses. Et comptez exactement combien de fautes vous avez faites. S'il y en a trop, il vaut mieux recommencer l'exercice ou le chapitre. Mais revoyez, d'abord, le vocabulaire dans le «Nickolaus» et ne recommencez les exercices que lorsque cela aura été fait.

En suivant ces quelques règles d'entraînement vous parviendrez au but, vite et sans peine, et pourrez dire alors: Maintenant, je comprends mieux le français et pourrai bientôt le parler.

Mode d'utilisation

pour l'enseignant

Le but recherché dans ce livre est la maîtrise tant active que passive du vocabulaire de base. Les exercices serviront, en outre, de tests et permettront de faire un bilan des connaissances acquises. Il s'agira, d'une part, de reconnaître un mot ou une expression parmi plusieurs autres, d'autre part, de trouver certains mots à l'aide d'un contexte et d'après leur place dans la phrase. Pour rédiger ces exercices, il était, évidemment, indispensable de n'employer que des mots appartenant au vocabulaire de base. C'est ce que nous nous sommes efforcés de faire.

Chaque chapitre se divise en deux groupes d'exercices: I–VI et VII–X.

Dans ceux du premier, il s'agira de reconnaître un mot ou une expression:

I–III On devra choisir, entre plusieurs possibilités, le mot ou l'expression adéquate (multiple choice). Nous les avons groupés en contraires (I), synonymes (II), expressions idiomatiques (III).

IV Il s'agira de reconnaître le sens de certains mots d'après la définition – fausse ou juste – qui en est donnée.

V On devra rapprocher certains mots d'après leur sens.

VI Il faudra reconnaître la préposition qui convient après un infinitif ou dans une locution donnée.
VI et V ont été quelquefois remplacés, suivant les besoins, par un exercice où l'on devra reconnaître une expression idiomatique.

Dans ceux du deuxième groupe, il s'agira d'employer le vocabulaire:

VII–IX La lettre initiale et le groupe auquel appartient le mot sont donnés. Chaque phrase constitue un contexte qui permet de deviner, sans équivoque, le mot ou l'expression à trouver.

X Dans cet exercice les mots à trouver peuvent appartenir à tous les groupes et la lettre initiale n'est pas obligatoirement la même. Mais, là aussi, les expressions à trouver appartiennent au même chapitre. Cet exercice d'un niveau un peu plus difficile devrait favoriser la maîtrise active de mots structuraux, de temps ou modes difficiles, de tournures idiomatiques.

A comme Attention!

D'accord avec vous, ce n'est pas toujours *amusant* de travailler. Mais, *à mon avis,* ce n'est pas si difficile! Il suffit de *s'appliquer.* *Avec l'aide* de votre vocabulaire ce sera plus *agréable.*

I Quel est le contraire?

1. *J'achète* une maison.
   a) je répare
   b) je vends
   c) je construis
2. Il *attache* son âne.
   a) laisse
   b) détache
   c) lâche
3. Il était mon *ami,* il est devenu mon
   a) camarade.
   b) coiffeur.
   c) ennemi.
4. *Allumez* la lampe, mais n'oubliez pas de
   a) l'éteindre.
   b) l'attendre.
   c) l'étendre.
5. Hier, il *acceptait* mon invitation, aujourd'hui, il
   a) l'ignore.
   b) la refuse.
   c) la reçoit.
6. L'employé de bureau *est* souvent *assis,* il est rare qu'il soit
   a) fatigué.
   b) debout.
   c) au lit.
7. Mon père *m'accorde* la permission, ma mère
   a) m'accompagne.
   b) me l'emporte.
   c) me la refuse.
8. Le contraire de *s'en aller* est
   a) s'amuser.
   b) partir.
   c) rester.
9. *L'arrivée* a pour contraire
   a) le début.
   b) le train.
   c) le départ.
10. deux jours *avant* les vacances
    a) après deux jours de vacances
    b) deux jours après les vacances
    c) après les vacances de deux jours

Alors, comment allez-vous après cette première bataille? *Avouez que* ce n'est pas si difficile. *Apprêtez-vous* à continuer! *Avant tout,* vous devez *faire* très *attention.*

II Qu'est-ce qui veut dire la même chose?

1. *Appuyez* sur le bouton!
   a) Apportez le bouton!
   b) Payez le bouton!
   c) Pressez sur le bouton!
2. Il *a l'air* heureux.
   a) semble
   b) voit
   c) regarde
3. Il *avoue* sa mauvaise action.
   a) dit
   b) connait
   c) reconnait
4. Votre robe est *achevée.*
   a) vendue
   b) jolie
   c) finie
5. Peu après, il *atteignit* la forêt.
   a) parcourut
   b) éteignit
   c) arriva à
6. Son père lui a *avancé* de l'argent.
   a) emporté
   b) prêté
   c) donné
7. *Admettons* qu'il vienne demain . . .
   a) acceptons
   b) supposons
   c) disons
8. Il *s'amuse* de tout.
   a) Il joue à tout.
   b) Il rit de tout.
   c) Il passe son temps à rire.
9. Il *s'aperçut de* son erreur.
   a) remarqua
   b) rencontra
   c) regarda
10. *L'angoisse* lui serrait la gorge.
    a) l'action
    b) la peur
    c) la confiance
11. *L'animal* tomba.
    a) la bête
    b) le jouet
    c) le journal
12. être *à l'abri*
    a) protégé
    b) caché
    c) pris
13. les *abords* d'une ville
    a) le port
    b) les bords
    c) les environs

14. *Comment s'appelle-t-il?*
a) Il t'appelle?
b) Quel est son nom?
c) Comment s'habille-t-il?

15. *Comment allez-vous?*
a) Vous marchez bien?
b) Vous allez en voiture?
c) Vous êtes en bonne santé?

16. *tous les ans*
a) chaque année
b) tous les gens
c) à tout âge

17. *Je suis de votre avis.*
a) Je suis dans le même avion.
b) Je suis d'accord avec vous.
c) J'ai le même habit.

Qu'est-ce qui *vous arrive?* Vous *en avez assez?* Vous voulez *vous arrêter? Allons donc! Amusez-vous* un instant, cela *s'arrangera* et vous reprendrez courage. *Après,* vous *vous attaquerez à* l'exercice suivant.

III Quelle est la suite qui convient?

1. Il ne s'aperçoit pas du danger, parce qu'il est
a) aveugle.
b) ridicule.
c) sale.

2. Mme Déprez adopte cet enfant, parce qu'
a) il aime les chocolats.
b) elle l'emmène en vacances.
c) il est abandonné.

3. Il n'arrête pas son moteur parce qu'il
a) n'aime pas le bruit.
b) repart aussitôt.
c) n'est pas vieux.

4. Il attire l'attention de tout le monde:
a) C'est un type extraordinaire.
b) Il mange du fromage au repas.
c) Il va en vacances en été.

5. Les femmes se font souvent attendre parce qu'elles
a) sont toujours à l'heure.
b) ne sont jamais prêtes.
c) sont souvent malades.

Bravo! c'est *admirable*; et *avec cela,* presque pas d'*accent*! Vous *atteindrez* le but *avant peu.*
Apprendre c'est tout *un art* et *à votre âge* c'est une *arme* puissante.
Vous *avez l'air* d'être en forme *aujourd'hui*!
Voilà maintenant *autre chose,* mais ne *vous amusez* pas trop *de* l'*auteur.*

IV Est-ce que c'est **faux? juste?**

	faux?	juste?
1. Un auteur est un arbre de 10 m de haut.	○	○
2. Un agent de police a une armoire dans sa poche.	○	○
3. Les arbres portent parfois des aiguilles.	○	○
4. L'oiseau vole à l'aide de ses ailes.	○	○
5. Un accident est une chose affreuse.	○	○
6. Celui qui prend l'autobus ou l'avion est un voleur.	○	○
7. L'Allemand boit son café dans une assiette.	○	○
8. Le mois d'avril est le quatrième dans l'année.	○	○
9. L'âne est un animal d'une adresse admirable.	○	○
10. Dans un taxi on s'assied souvent à l'arrière.	○	○
11. Tout Anglais parle l'allemand dès l'âge de cinq ans.	○	○

Alors, vous *avez aimé* ça? Ici *aussi, il s'agit d'*un petit jeu:

V Quels sont les mots qui vont ensemble?

1. l'auto
2. l'armée
3. l'adresse
4. l'aiguille
5. l'allumette
6. l'armoire
7. l'atelier
8. les articles
9. l'avance
10. l'air

a) les habits, b) la peinture, c) le magasin, d) l'accident, e) la lettre, f) le retard, g) la cigarette, h) la guerre, i) le fil, j) la chanson

VI Quelle préposition est la bonne?

à, de?

1. arriver ..... faire
2. s'associer .....
3. armer .....
4. avertir .....
5. augmenter .....
6. s'appliquer .....
7. s'approcher .....
8. s'attaquer .....

Choisissez entre à, de, dans, par. Bonne chance!

9. à l'abri .....
10. ..... un accident
11. auprès .....
12. ..... l'année
13. ..... une belle après-midi
14. au dessus .....
15. ..... l'après-midi
16. autour .....
17. ..... avion
18. au dessous .....

Vous pensez que vous *avez accompli* votre travail? Mais, je vous *avertis*: Vous n'êtes pas *au* bout de vos peines.
En avant mes *amis, il y a* encore beaucoup *à* faire!

VII Trouvez le substantif qui convient.
(Ils commencent tous par «a».)

1. J'aimerais faire des photos cet après-midi; tu prends l' . . . . .?
2. L' . . . . . de l'usine est devenue difficile depuis la mort du directeur.
3. Il a montré beaucoup de courage dans toutes les occasions. J'ai beaucoup d' . . . . . pour lui!
4. Il dit qu'il ne veut pas se marier, par . . . . . de la liberté.
5. La plupart des Français prennent leurs vacances en . . . . .
6. On dit que l' . . . . . quitte le corps après la mort.
7. On dit souvent que l' . . . . . dure plus longtemps que l'amour.
8. Les membres de certains mouvements de jeunesse s'efforcent de faire tous les jours une bonne . . . . .
9. Quand vous écrivez du français, n'oubliez pas les . . . . .
10. Quand j'arrivai au théâtre, le premier . . . . . était commencé.
11. Il faut qu'il fasse réparer l' . . . . . de sa voiture.
12. A l' . . . . . de ces quelques conseils vous devez pouvoir réaliser votre projet.
13. Avez-vous lu le journal ce matin? Il y a un . . . . . très intéressant sur le nouveau gouvernement.
14. Si j'avais de l' . . . . ., je m'achèterais une auto.
15. Les nombreux . . . . . électriques modernes rendent la vie des ménagères plus facile.
16. Le voleur a pénétré dans l' . . . . . pendant qu'elle n'était pas là.
17. «Tu viens Jean?» s'écria Yves. Aussitôt, il répondit à son . . . . .
18. Il avait l' . . . . . d'un homme honnête, mais en réalité, il ne cherchait qu'à tromper tout le monde.
19. Cet été, nous faisons un voyage avec la classe. Ce sera sûrement très fatigant car nous voyageons en . . . . .
20. Il a consacré sa vie à l' . . . . . et en particulier à la peinture et à la poésie.
21. Ce père de famille a une grande . . . . . sur ses enfants.
22. Aller sur la lune? C'est une . . . . . qui me tenterait beaucoup!
23. Seules les . . . . . ont le droit de prolonger la durée d'un passeport.
24. Il semble dire que c'est lui qui commande à la maison mais, devant sa femme il a une . . . . . bien différente.
25. En montagne on respire un . . . . . pur.
26. Pour l'instant, ce projet n'est pas encore réalisable, seul l' . . . . . nous dira si c'est possible.
27. Il éprouvait toujours un sentiment d' . . . . . en rentrant chez lui.

VIII Trouvez le verbe qui convient.
(Ils commencent tous par «a».)

1. Autrefois, les voleurs ..... les voyageurs sur les routes.
2. Oh, quelle surprise! Je ne m' ..... pas à vous voir!
3. Il a été trouvé un sac rouge; à qui ..... -il?
4. ..... -vous à M. Dubois, cette affaire ne regarde pas sa femme.
5. Il n' ..... pas au gouvernement de changer les lois.
6. Ne t' ..... pas de me prendre de l'argent encore une fois!
7. «Je vais au cinéma, tu m' .....?» «Oui, je veux bien!»
8. Le sable ..... une énorme quantité d'eau.
9. On ..... des arbres pour faire du bois de chauffage.
10. Michel a finalement ..... son projet de construire un avion lui-même.
11. Dès que l'on apporte la glace, tous les enfants .....
12. Le jour s' ..... Dans une heure il fera complètement nuit.
13. Il se rend compte qu'il a mal ..... en volant cette montre.
14. Tiens, M. Petit! Qu'est-ce qui vous ..... ici?
15. Vers cinq heures du matin, le soleil ..... à l'horizon.
16. Je t' ..... que ce n'est pas moi qui ai pris tes allumettes!
17. Cet aspect de la question est très intéressant, mais je n' ..... cependant pas votre point de vue.
18. Paul s'est beaucoup ..... à son petit chien.
19. Il ne voulait pas me rendre mon livre, alors je le lui ai ..... des mains.
20. Sa mère l'a toujours ..... dans les moments difficiles.
21. Il a provoqué un accident et s'est fait ..... par un agent.
22. Garçon, ... -moi un café, s'il vous plaît!
23. Tiens, vous voilà? Je m' ..... justement à vous écrire!
24. N'oubliez pas d' ..... la règle que vous avez apprise.
25. Cette année, j'ai déjà ..... à deux mariages.
26. Ne vous ..... pas trop contre ce fauteuil, car il est cassé.
27. Roméo et Juliette se sont beaucoup .....
28. Henri? Je l'ai ..... hier en sortant du théâtre, mais il était trop loin pour que je lui parle.
29. Oh voilà Jacques qui traverse la rue, on l' ..... pour qu'il vienne avec nous?
30. Il m'a ..... qu'il n'était pas mêlé à l'affaire.
31. Je vais l' ..... à porter sa valise. Elle semble très lourde.
32. J'ai voulu vous ..... hier, mais le téléphone n'a pas marché!
33. En vacances, on fait souvent des projets qui n' ..... à rien.
34. Les usines Pic et Luc se sont ..... pour en fonder une nouvelle.
35. Quand on va les voir on est toujours très bien .....
36. L'automne est fini, l'hiver .....

IX Trouvez l'adjectif ou l'adverbe qui convient.
(Ils commencent tous par «a».)

1. C'est Julien qui a fait cette petite table, il est très ..... de ses mains.
2. Agnès trouve que ce tableau est joli. Moi, je ne suis pas de son avis, je le trouve .....
3. Je vous remercie d'..... pour l'aide que vous pourrez m'apporter.
4. Le docteur Schweitzer a fait beaucoup pour les malheureux et les malades, ce fut un homme .....
5. Il était d'une adresse remarquable; il l'avait ..... en faisant beaucoup de sport.
6. «On va au Royal?» – «Oh non, je préfère aller .....»
7. Je ne pense pas que ce film lui plairait, ... il a beaucoup trop de travail pour aller au cinéma aujourd'hui.
8. La mer semble très ..... cet après-midi, il vaut mieux ne pas prendre le bateau.
9. J'aime bien acheter mon pain dans ce magasin, la boulangère est très .....
10. Voilà, maintenant vous savez toute l'histoire: C'est ..... que je l'ai connu.
11. Il est assez riche, pourtant il se plaint de ne jamais avoir ..... d'argent.
12. D'..... les instructions, vous n'avez pas le droit de passer la frontière sans papiers.
13. Chantal a très mal travaillé et n'est pas ..... à passer dans la classe supérieure.
14. ....., qu'avez-vous décidé mon vieux?
15. Sa chambre est ..... avec goût.
16. Je préfère les langues ..... aux langues modernes.
17. Je préférerais avoir un ..... livre. J'ai déjà lu celui-là.
18. Elle apprend depuis trois mois à écrire à la machine, mais on ne remarque encore ..... progrès.
19. Jean, mets-toi au travail, ... tu n'auras jamais fini!
20. Tout d'..... vous entendrez de la musique moderne, ensuite une discussion sur l'éducation des enfants.
21. Je vous demanderai de garder le silence ..... sur toute cette affaire.
22. Jean est tellement ..... par son travail qu'il ne m'a pas entendu rentrer.

Vous *allez* bientôt *avoir terminé* la lettre A. *Faites attention au* dernier exercice, il est un peu différent des *autres* et un tout petit peu plus difficile.

X Trouvez les mots qui manquent.
(Attention! Ils ne commencent pas tous par «a».)

1. Je vais chez le dentiste pour me .... une dent.
2. Il viendra ..... aucun ....., car il l'a promis.
3. Je l'aide à faire ses devoirs .... il ait fini plus tôt.
4. Voilà ton café Julien, tu ne veux ..... d'autre?
5. Sa femme n'a pas l'air agréable, je ne voudrais pas .... à elle.
6. Au revoir François, ... demain!
7. ..... que je vous l'ai déjà écrit, je viendrai vous voir en automne.
8. Il croyait avoir perdu son chapeau, ... qu'il l'avait tout simplement laissé à la maison.
9. Mon frère est très attiré par l'armée de l' ..... parce qu'il aime beaucoup aller en avion.
10. Allons, avancez, ne restez pas toujours ..... arrière!
11. Je crois qu'il vaut mieux .... le médecin.
12. Comment, vous, malade? Allons ....., vous avez toujours eu une santé de fer.
13. Cela m' ..... que vous veniez samedi au lieu de dimanche.
14. Il a ..... d'argent ..... il en veut. Son affaire marche bien.
15. ..... avoir écrit, il porta la lettre à la poste.
16. Elle arrive toujours ..... avance au bureau.
17. Dites-lui de passer me voir .... il ne parte en voyage.
18. Appelez-moi, ... qu'il arrivera!
19. Solange ne va pas souvent au cinéma, elle aime ..... lire dans sa chambre.
20. Ce manteau lui ..... mal. Il est trop grand pour elle.
21. Prenez 4 œufs, 100 gr de sucre, une cuiller de farine, ... un peu de lait et remuez le tout ...

Voilà ce qu'il fallait répondre:

I: 1b, 2b, 3c, 4a, 5b, 6b, 7c, 8c, 9c, 10b
II: 1c, 2a, 3c, 4c, 5c, 6b, 7b, 8b, 9a, 10b, 11a, 12a, 13c, 14b, 15c, 16a, 17b
III: 1a, 2c, 3b, 4a, 5b
IV: 1 faux, 2 faux, 3 juste, 4 juste, 5 juste, 6 faux, 7 faux, 8 juste, 9 faux, 10 juste, 11 faux
V: 1d, 2h, 3e, 4i, 5g, 6a, 7b, 8c, 9f, 10j
VI: 1 à, 2 à, 3 de, 4 de, 5 de, 6 à, 7 de, 8 à, 9 de, 10 dans, 11 de, 12 dans, 13 par, 14 de, 15 dans, 16 de, 17 par, 18 de
VII: 1 appareil, 2 administration, 3 admiration, 4 amour, 5 août, 6 âme, 7 amitié, 8 action, 9 accents, 10 acte, 11 aile, 12 aide, 13 article, 14 argent, 15 appareils, 16 appartement, 17 appel, 18 apparence,

19 autocar, 20 art, 21 autorité, 22 aventure, 23 autorités, 24 attitude, 25 air, 26 avenir, 27 aise.

VIII: 1 attaquaient, 2 attendais, 3 appartient, 4 adressez, 5 appartient, 6 avise, 7 accompagnes, 8 absorbe, 9 abat, 10 abandonné, 11 accourent, 12 achève, 13 agi, 14 amène, 15 apparut, 16 assure (affirme), 17 adopte, 18 attaché, 19 arraché, 20 aidé, 21 arrêté, 22 apportez, 23 apprêtais, 24 appliquer, 25 assisté, 26 appuyez, 27 aimés, 28 aperçu, 29 appelle, 30 affirmé (assuré), 31 aider, 32 appeler, 33 aboutissent, 34 associées, 35 accueilli, 36 approche

IX: 1 adroit, 2 affreux, 3 avance, 4 admirable, 5 acquise, 6 ailleurs, 7 d'ailleurs, 8 agitée, 9 aimable, 10 ainsi, 11 assez, 12 après, 13 admise, 14 alors, 15 arrangée, 16 anciennes, 17 autre, 18 aucun, 19 autrement, 20 abord, 21 absolu, 22 absorbé

X: 1 faire arracher, 2 sans ... doute, 3 afin qu', 4 rien, 5 avoir affaire, 6 à, 7 ainsi, 8 alors, 9 l'air, 10 en, 11 aller chercher, 12 donc, 13 arrange, 14 autant ... que, 15 après, 16 en, 17 avant qu', 18 aussitôt, 19 mieux, 20 va, 21 ajoutez

Combien de fautes avez-vous faites?

	I à VI	VII à IX	X
très bien	0– 7	0– 8	0– 2 fautes
bien	8–14	9–17	3– 4 fautes
satisfaisant	15–22	18–26	5– 6 fautes
douteux	23–35	27–42	7–10 fautes
A revoir!	plus de 35	plus de 42	plus de 10 fautes

B comme Bien

Bonjour mes amis! La *besogne* vous attend déjà! Vous *aurez besoin de* toute votre attention pour arriver au *but*. Ne *vous bornez* pas *à* lire votre vocabulaire mais essayez de le retenir. Consacrez chaque jour vingt minutes à ce travail. *Au bout de* quelques semaines, vous remarquerez déjà *bien des* progrès. Courage!

I Quel est le contraire?

1. Les prix *baissent*.
   a) descendent
   b) montent
   c) s'étendent
2. Elle a *bien* travaillé.
   a) assez
   b) mal
   c) souvent
3. *Bouche* cette bouteille, s'il te plaît.
   a) bois
   b) ouvre
   c) va chercher
4. C'est un *bon* exemple.
   a) grand
   b) affreux
   c) mauvais
5. Il chante *à voix basse*.
   a) doucement
   b) à voix haute
   c) d'une voix douce
6. Il a *beaucoup de* volonté.
   a) Il a peu de volonté.
   b) Il a un peu de volonté.
   c) Il n'a pas de volonté.
7. Le contraire de *bonheur* est
   a) cœur.
   b) mauvaise humeur.
   c) malheur.
8. Le contraire de *beau* est
   a) joli.
   b) lait.
   c) laid.

II Qu'est-ce qui veut dire la même chose?

1. Je lui ai donné un coup de *baguette*.
   a) bateau
   b) bouton
   c) bâton
2. Je me promène dans le *bois*.
   a) le bruit
   b) la forêt
   c) la vigne

3. *Brusquement,* tout devint silencieux.
   a) cependant
   b) bientôt
   c) soudain

4. Le verre tomba et *se brisa.*
   a) fit du bruit
   b) se cassa
   c) se vida

5. Le voleur a *battu* sa victime.
   a) Il l'a frappée.
   b) Il l'a délivrée.
   c) Il l'a rassurée.

6. *la besogne:*
   a) le besoin
   b) le travail
   c) l'habitude

III Quelle est la suite qui convient?

1. Il baisse les yeux
   a) parce qu'ils sont en haut.
   b) parce qu'il est gêné.
   c) pour regarder au ciel.

2. Il tourne le bouton pour
   a) fermer son manteau.
   b) voir la couleur de la fleur.
   c) allumer la lumière.

3. Elle met ses bas
   a) parce qu'elle veut grandir.
   b) pour sortir.
   c) pour cacher ses bras.

4. C'est un brillant général parce qu'il
   a) se lave tous les jours.
   b) prend des bains de soleil.
   c) a gagné beaucoup de batailles.

IV Est-ce que c'est

	faux?	juste?
1. Tous les braves hommes sont des hommes braves.	○	○
2. Le boulanger fait du pain avec de la farine.	○	○
3. On trouve le bonheur en partant de bonne heure.	○	○
4. L'eau bout à 100 degrés.	○	○
5. En hiver, on balaie la neige devant sa maison.	○	○
6. Un bourgeois ne va pas à bicyclette sur un banc.	○	○
7. La bouchère vend de la viande de bœuf.	○	○

Eh bien, vous avez eu de la peine! Mais *bien que* vous ayez gagné une *bataille,* vous n'avez pas encore fini. Vous aimeriez *bien* prendre un *bain de soleil* ou vous promener *au bord de* la rivière, un *bouton* de rose à la *bouche.* Patience! Ce temps-là viendra *bientôt.*

V Quels sont les mots qui vont ensemble?

1. le balai
2. la bouteille
3. la brique
4. le bateau
5. le bec
6. la branche
7. le billet
8. le bœuf
9. le bruit

a) l'oiseau, b) la bête, c) le porte-monnaie, d) la mer, e) le vin, f) le mur, g) la ménagère, h) le calme, i) l'arbre

VI Quelle est la préposition qui convient?

à, de, dans

1. avoir besoin ..... qc
2. aller ..... bicyclette
3. Il n'est plus bon ..... rien.
4. se borner .....
5. boire ..... un verre
6. monter ..... bord

à (au, aux), de, en

7. ..... bout de la rue
8. beaucoup .....
9. ..... voix basse
10. la brosse ..... dents
11. ..... bord de la mer
12. la boîte ..... lettres
13. ..... bas
14. ..... bout d'une heure

VII Trouvez le substantif qui convient.

(Ils commencent tous par «b».)

1. Ce jeune garçon se laisse pousser la ..... pour avoir l'air d'un homme.
2. Quand une femme est très belle, on dit que c'est une .....
3. Où est mon journal? Je l'avais posé sur mon ..... et il n'y est plus.
4. Après la guerre, il n'avait pas pu trouver tout de suite du travail et ils avaient vécu assez longtemps dans le .....
5. Mme Loiseau a eu son ..... la semaine dernière. C'est une belle petite fille.
6. La voiture était arrêtée au ..... de la route.
7. Sa mère lui a offert une belle ..... de crayons de couleur.
8. Silence absolu dans la salle. Personne n'osait ouvrir la .....
9. Elle n'avait pas assez de tissu bleu pour faire sa robe, alors elle a acheté une ..... de tissu rayé bleu et blanc et elle l'a cousue en bas.
10. Ah! votre cousin Pierre est ingénieur à Paris. Dans quelle .....?
11. Maman! j'ai perdu un ..... à mon manteau. Tu peux me le remplacer tout de suite?

12. En football, cet après-midi, notre classe a gagné par 5 ..... à 3.
13. Le ..... court qu'il ne restera pas longtemps au gouvernement car il n'est pas populaire.
14. Mes chaussures sont sales. Avez-vous une ..... pour les nettoyer?
15. Elle le tira par le ..... et lui dit quelque chose à l'oreille.
16. Veux-tu aller me chercher du pain? La ..... se trouve à deux pas d'ici.
17. S'il te plaît, mets ta ..... pour m'aider à faire le ménage.
18. Le ..... de beaucoup de gens est de gagner beaucoup d'argent.
19. Soulève l'armoire par le ..... Elle sera plus facile à porter.
20. «Ils étaient combien?» – «Oh, toute une .....»

VIII Trouvez le verbe qui convient.
(Ils commencent tous par «b».)

1. Pierre a ..... Jean de deux points au jeu de cartes.
2. Attention, la casserole est chaude tu vas te ..... !
3. Je vous en prie, oubliez ce que je vous ai dit. Je ne voulais pas vous .....
4. La maman fait ..... le lait pour son bébé.
5. Cet enfant est vraiment bizarre, il ..... tous ses jouets.
6. Les deux petits frères ne s'entendent pas, ils se ..... toujours.

IX Trouvez l'adverbe ou l'adjectif qui convient.
(Ils commencent, eux aussi, tous par «b».)

1. Il avait les yeux ..... de plaisir en annonçant son succès.
2. Eric a eu ..... de jouets pour sa fête.
3. Tu es ..... prête? Je ne veux pas t'attendre deux heures!
4. La nuit, il ne pouvait pas dormir car il entendait toutes sortes de bruits .....
5. Il est très soigné et porte des chemises ..... comme neige.
6. M. Coulomb a été gravement ....., la semaine dernière, dans un accident de voiture.
7. Pour aller me promener, je mettrai mon manteau ..... foncé et ma robe ..... clair.
8. Ce garçon a un esprit vraiment un peu ..... Il ne comprend jamais rien.
9. Ils habitent dans une maison ....., grande et vaste.
10. Il n'a pas une situation très .....
11. L'amie de Claude a de jolis cheveux .....

2 – 52352/1

X Trouvez les mots qui manquent.
(Ils ne commencent pas tous par «b».)

1. Je n'aime pas aller en voiture quand il ..... du brouillard.
2. ..... bout ..... deux jours son travail ne lui plaisait plus.
3. Il faut que je rentre. Tu fais un ..... de chemin avec moi?
4. Le 31 décembre à minuit, tout le monde se souhaite la ....
5. A ..... bon lui écrire si elle ne veut pas te répondre?
6. Cette année, nous allons en vacances au ..... de la mer.
7. Le train arrive dans dix minutes, va vite ..... un billet!
8. Eh ....., qu'en dites-vous? C'est une occasion unique, n'est-ce pas?
9. «Alors, vous êtes content d'être venu à Paris?» – «Oui, cela me plaît .....»
10. Il veut rentrer en voiture .... il soit déjà tard et qu'il fasse du brouillard.
11. Je voulais d'abord aller à Rio en avion, mais maintenant je préfère ..... le bateau.
12. Elle a ..... essayer par tous les moyens de le décider, il ne cédera pas.
13. Son père lui a déjà dit ..... des fois d'apprendre ses leçons, mais il ne l'écoute pas.
14. Depuis que nous avons la nouvelle salle de bains, je ..... un bain tous les jours.
15. Les ..... de bureau paraissent deux fois plus longues quand on a mal dormi.
16. Il avait beau ....., les autres en train de jouer ne l'entendaient pas.
17. Adressez-vous au chef de ....., moi, je ne suis pas au courant.
18. «Comment va votre fils? Toujours malade?» – «Oh, non, maintenant il va .....»
19. Tu vois le bateau, ..., à l'horizon?
20. Le petit article ..... bas de la page m'intéresse.
21. Christian .... d'une nouvelle paire de chaussures.

Voilà ce qu'il fallait répondre:

I: 1b, 2b, 3b, 4c, 5b, 6a, 7c, 8c
II: 1c, 2b, 3c, 4b, 5a, 6b
III: 1b, 2c, 3b, 4c
IV: 1 faux, 2 juste, 3 faux, 4 juste, 5 juste, 6 juste, 7 juste
V: 1g, 2e, 3f, 4d, 5a, 6i, 7c, 8b, 9h
VI: 1 de, 2 à, 3 à, 4 à, 5 dans, 6 à, 7 au, 8 de, 9 à, 10 à, 11 au, 12 aux, 13 en, 14 au

VII: 1 barbe, 2 beauté, 3 bureau, 4 besoin, 5 bébé, 6 bord, 7 boîte, 8 bouche, 9 bande, 10 branche, 11 bouton, 12 buts, 13 bruit, 14 brosse, 15 bras, 16 boulangerie, 17 blouse, 18 but, 19 bas, 20 bande

VIII: 1 battu, 2 brûler, 3 blesser, 4 bouillir, 5 brise, 6 battent

IX: 1 brillants, 2 beaucoup, 3 bientôt, 4 bizarres, 5 blanches, 6 blessé, 7 bleu . . . bleu, 8 borné, 9 bourgeoise, 10 brilliante, 11 blonds

X: 1 fait, 2 au . . . de, 3 bout, 4 bonne année, 5 quoi, 6 bord, 7 prendre, 8 bien, 9 beaucoup, 10 bien qu', 11 prendre, 12 beau, 13 bien, 14 prends, 15 heures, 16 appeler, 17 bureau, 18 bien, 19 là-bas, 20 en, 21 a besoin

Combien de fautes avez-vous faites?

	I à VI	VII à IX	X
très bien	0– 4	0– 3	0– 2 fautes
bien	5– 9	4– 7	3– 4 fautes
satisfaisant	10–14	8–11	5– 6 fautes
douteux	15–24	12–18	7–10 fautes
A revoir!	plus de 24	plus de 18	plus de 10 fautes

C comme Courage

Connaître le français, *cela* fait partie de votre *culture générale* et peut même être très agréable. Avez-vous déjà pensé que vous pourriez, si vous êtes un garçon, *faire la connaissance* d'une jeune Française et lui *faire la cour* ou que vous, Mademoiselle, vous pourriez *convaincre* un jeune Français *de* votre *charme*? Vous en *connaissez* déjà un et il vous a invitée à *aller au cinéma*? Alors, je vous *conseille de continuer avec courage* à apprendre *par cœur* votre vocabulaire. En attendant, *cherchez à* faire le premier exercice.

I Quel est le contraire?

1. *Cessez* donc *de* travailler.
   a) Commencez donc à travailler.
   b) Continuez donc à travailler.
   c) Essayez donc de travailler.
2. J'aime les robes *claires,* toi, tu aimes
   a) changer de robe.
   b) les robes foncées.
   c) les robes propres.
3. J'allais *me coucher* quand il
   a) se lavait.
   b) se levait.
   c) se reposait.
4. Je n'aime pas les récits *confus,* je les préfère
   a) courts.
   b) intéressants.
   c) clairs.
5. Gisèle aime les jupes *courtes,* moi, les jupes
   a) chères.
   b) larges.
   c) longues.
6. Le *commencement* a pour contraire
   a) le milieu.
   b) le début.
   c) la fin.
7. La *chaleur* a pour contraire
   a) la glace.
   b) le froid.
   c) la pluie.

II Qu'est-ce qui veut dire la même chose?

1. Il est très *calme* ce soir.
   a) beau
   b) nerveux
   c) tranquille
2. Elle *cause* avec son amie.
   a) chante
   b) joue
   c) parle

3. Il viendra *certainement* demain.
   a) sûrement
   b) évidemment
   c) exactement

4. Il *a fait une chute* dans l'escalier.
   a) Il est tombé.
   b) Il a cassé qc.
   c) Il a trouvé qc.

5. Tu *as commis* deux erreurs.
   a) risqué
   b) fait
   c) proposé

6. Il *se rend compte de* sa bêtise.
   a) il rit de
   b) il comprend
   c) il s'aperçoit de

7. A *conserver* au frais!
   a) garder
   b) utiliser
   c) laisser

8. *Croiser qn* dans la rue
   a) écraser
   b) rencontrer
   c) reconnaître

9. Il *cherche à* nous tromper.
   a) il essaye de
   b) il arrive à
   c) il réussit à

10. Il *compte* aller en vacances en août.
    a) il a de l'argent pour
    b) il a l'intention de
    c) il renonce à

11. Il *craint de* perdre sa place.
    a) il croit qu'il va
    b) il a peur de
    c) il espère

12. Quand je lui en parle, il *se contente de* sourire.
    a) Il se borne à sourire.
    b) Il est content de sourire.
    c) Il se réjouit de sourire.

13. *être en colère* contre qn
    a) en vouloir à qn
    b) être appuyé contre qn
    c) se disputer avec qn

14. Il a *consenti à* me prêter son livre.
    a) refusé de
    b) accepté de
    c) décidé de

Si vous *commettez* des erreurs, ne *vous cassez* pas *la tête*. Et si *cela* peut vous *consoler, chantez une chanson*. Après, vous serez en bonne *condition* pour *vous consacrer à* la suite. Avant tout, *conservez* votre bonne humeur et votre *courage*. *Ce sont* deux *conditions* importantes si vous voulez réussir.

III Quelle est la suite qui convient?

1. Muriel met le couvert	a) parce qu'il fait froid. b) parce qu'il est midi. c) pour envoyer sa lettre.
2. Il s'est cassé la tête	a) parce qu'elle n'est pas belle. b) à faire son problème. c) en tombant.
3. Il y voit clair dans cette affaire parce qu'il	a) a de bons yeux. b) porte des lunettes. c) est intelligent.
4. Il est sans connaissance parce qu'il	a) ne connaît personne. b) ne sait rien. c) vient d'avoir un accident.
5. Cet hiver, il a fait la cour à Monique parce	a) qu'il fallait balayer la neige. b) qu'il aime rendre service. c) qu'elle lui plaisait beaucoup.
6. C'est une expression peu commune; elle n'est pas	a) connue. b) apprise. c) courante.

Ne *vous mettez* pas *en colère* et *ayez confiance,* dans quelque temps cous ne *confondrez* plus aucun mot.

IV Est-ce que c'est

	faux?	juste?
1. On mange la soupe dans une assiette creuse.	○	○
2. Les Allemands ont souvent des culottes en cuir.	○	○
3. Il n'est pas poli de couper la parole à qn.	○	○
4. Avec le courant électrique on est au courant.	○	○
5. Le coq chante quand le soleil se couche.	○	○
6. Un chauffeur peut conduire un camion.	○	○
7. On enterre les morts au cimetière.	○	○
8. Le conseiller donne des conseils.	○	○
9. Le coiffeur coupe les cheveux.	○	○
10. Le cheval est un animal qui tire la charrue.	○	○
11. Les curiosités sont des dames curieuses.	○	○
12. L'homme comme la femme peut porter un costume.	○	○
13. Le chien mord, le chat attrape les oiseaux.	○	○
14. L'homme a cinq doigts à chaque main.	○	○
15. Les cochons sont roses sur les images.	○	○
16. Un cercle est rond.	○	○
17. Entre les cours les élèves jouent dans la cour.	○	○
18. Etre de la même classe, c'est être du même âge.	○	○

V Quels sont les mots qui vont ensemble?

1. le café
2. la cave
3. la clé
4. le clou
5. la corne
6. le crayon
7. la côte
8. la carte
9. la chaise
10. le chapeau
11. la cuiller
12. la chaussure
13. les ciseaux
14. la classe
15. le cimetière
16. le capitaine
17. la casserole

a) l'élève, b) le cordonnier, c) le papier, d) la porte, e) l'assiette, f) le bœuf, g) la couturière, h) la tête, i) la bouteille, j) la tasse, k) le restaurant, l) la mort, m) la campagne, n) la mer, c) le marteau, p) la table, q) le couvercle

Ne quittez pas votre *«cabinet de travail», continuez à* apprendre *de bon cœur, comparez* les mots. *Cherchez* toujours *à* mieux *comprendre* la langue et ne *cédez* pas *à* votre *camarade* qui *compte* vous emmener au *cinéma.*

VI Quelle est la préposition qui convient?

à (au), de, en, dans

1. ..... cours de
2. ..... côté de
3. ..... compagnie de
4. ..... crainte de
5. ..... commencement de
6. ..... cause de lui
7. ..... chaque côté
8. ..... ces circonstances
9. ..... bon cœur
10. ..... la cour
11. ..... tout cas
12. ..... coin de la rue
13. ..... cheval

de, à ou en

14. couvrir .....
15. consacrer .....
16. condamner .....
17. comparer .....
18. tenir compte .....
19. charger qn .....
20. convaincre qn .....
21. conclure ..... faire qc
22. conseiller ..... faire qc
23. changer ..... train
24. croire ..... la justice
25. croire ..... Dieu

VII Trouvez le substantif qui convient.

(Ils commencent tous par «c».)

1. On ne sait toujours pas quelle fut la ..... de l'accident.
2. C'était son seul ami et elle avait du ..... de le voir partir.
3. On peut faire du fromage avec du lait de .....
4. Cette ville vit surtout du .....

5. Il faut avoir ..... en la vie pour réussir
6. Petit à petit, il prend ..... des difficultés.
7. En été, on porte des robes de .....
8. A la chasse, les ..... partent de tous côtés.
9. On dit que la ..... française est une des meilleures du monde.
10. Les femmes se nettoient souvent le visage avec un morceau de .....
11. Le premier ministre a constitué le nouveau ..... cet après-midi.
12. En regardant la carte vous verrez que Bourges se trouve presque au ..... de la France.
13. Il marchait toujours penché en avant comme si une lourde ..... pesait sur ses épaules.
14. La police organisa une véritable ..... au voleur.
15. Tout le monde a besoin de conseillers, même le ..... de l'Etat.
16. Pouvez-vous m'indiquer le ..... de la gare?
17. Philippe est blond, Michel, lui, a les ..... noirs.
18. On enlève la poussière sur les meubles avec un .....
19. Il était encore sous le ..... de la musique qu'il venait d'entendre.
20. Ecrivez la somme en ..... s'il vous plaît.
21. La guerre dans un pays provoque souvent la ..... du gouvernement.
22. On a construit une ..... nouvelle aux abords de la vieille ville.
23. Il était en joyeuse ..... et la soirée fut très agréable.
24. Il était en très bonne ..... pour passer son examen.
25. Le ..... des médecins se réunit au moins une fois par an.
26. Il s'est brisé deux ..... dans un accident de voiture.
27. Il se jeta au ..... de son amie et l'embrassa, heureux de la retrouver.
28. Gisèle, veux-tu mener ton petit frère aux .....? Il ne sait pas où ils sont.
29. Le 24 décembre au soir, les petits Français mettent leurs ..... devant la cheminée.
30. Grâce à la ....., le travail du cultivateur dans les champs devint plus facile.
31. Ce juge occupe sa ..... depuis plus de trente ans.
32. Le chauffage au ..... cède de plus en plus la place au chauffage au mazout.
33. On prévoit un ..... de gouvernement avant l'automne.
34. On coupe le pain avec un .....
35. La ..... fait agir beaucoup de gens.
36. En France, la ..... du tabac est dirigée par l'Etat.
37. Je préfère voyager en .... plutôt qu'en voiture.

38. M. Leblanc est le ..... du groupe de recherches.
39. Dans ce magasin, il y a un très grand ..... de vêtements.
40. Les dépenses de la maison, ce mois-ci, atteignent le ..... de 300 millions de francs.
41. Le ..... est bleu, le soleil brille, il fait un temps magnifique.
42. Les ..... ne nous on pas permis de nous rencontrer.
43. Il se tenait debout dans un ..... de la pièce.
44. Je n'ai pas d'argent sur moi, M. Renaud, écrivez tout cela sur mon .....
45. Le travail est une des ..... du succès.
46. Quoiqu'il fasse, il a toujours la ..... tranquille.
47. Ce tableau est considéré comme le .... de l'artiste.
48. Pendant les vacances, j'ai suivi un ..... pour étrangers.
49. De quel ..... allez-vous vous promener?
50. Il a été jugé coupable et condamné par la .....
51. Les enfants se battaient à ..... de pied et à ..... de poing.
52. La balle tomba à l'eau et fut emportée par le .....
53. Depuis quelque temps, il sentait une douleur au ..... gauche.
54. Le ..... du Rhin est plus long que celui de la Seine.
55. Avez-vous pensé aux ..... que peut avoir votre action.
56. L'homme a besoin de vêtements pour couvrir son .....
57. Ils descendirent de bicyclette, pour monter la .....
58. J'aime bien travailler avec lui car il a très bon .....
59. La ménagère passe plusieurs heures par jour dans la .....
60. Quand quelqu'un ne réussit pas à l'examen, on dit qu'il n'a pas de .....

VIII Cherchez le verbe qui convient.
(Ils commencent tous par «c».)

1. Savez-vous ..... de 1 à 100?
2. Le médecin essaye de ..... la maladie par des médicaments.
3. «.....-vous l'anglais»? – «Oui, je le parle même assez bien».
4. On annonce qu'un bateau est en train de .....
5. Pourquoi me ....-vous la vérité, Docteur?
6. On peut ..... les progrès de la médecine à ceux de la science en général.
7. Lorsqu'on vient d'être malade, il faut bien se ..... avant de sortir.
8. Elle ne sait pas ...... Elle n'a pas appris la couture.
9. Un bébé ..... assez souvent après avoir bu son lait.
10. Les enfants ..... la colère de leur père.
11. Pourquoi .....-tu si fort? Je ne suis pas sourd.
12. Savez-vous dans quels pays on ..... le coton?
13. Cet enfant nous ..... bien des soucis.

14. La plupart des gens croient que Dieu a ..... le monde.
15. On peut faire un petit bateau en ..... une branche d'arbre.
16. Si vous m'affirmez que c'est vrai, je vous .....
17. Le moteur de ma voiture ..... beaucoup trop, pouvez-vous me le réparer?
18. Les voyageurs en direction de Paris ..... de train à Dijon.
19. Il était riche. Mais sa passion du jeu ....., en peu de temps, la ruine de sa famille.
20. Qu'il soit coupable ou non, cela ne ..... rien à l'affaire.
21. Au printemps les oiseaux se remettent à ..... dans les arbres.
22. Pendant la guerre, il a ..... contre les Allemands au côté des Anglais.
23. Ce camion ne pourra pas passer sur le vieux pont, il est bien trop .....
24. En été on ne .... pas la maison.
25. Je l'ai ..... de retenir des chambres pour nous quatre.
26. Il veut toujours ..... comme s'il était le chef.
27. Cet appareil est ..... de plusieurs éléments.
28. Pouvez-vous ..... une machine remplaçant la voiture et permettant à chacun de se déplacer dans l'air?
29. «.....-vous ce monsieur?» – «Non, je ne sais pas qui il est.»
30. Il ..... la partie comme gagnée.
31. On ne peut pas lui ..... de secrets, elle s'empresse d'aller tout raconter.
32. Il a ..... sa vie à la musique.
33. Elle était triste et malheureuse et j'ai essayé de la .....
34. La police arrivait juste pour ..... le crime qui venait d'être commis.
35. Le chef d'Etat a prié le premier ministre de ..... le nouveau gouvernement.
36. Il s'est fait ..... une jolie petite maison.
37. Ce camion ..... des cochons qu'on va livrer au marché.
38. On ne sait pas ce qui l'a ..... à commettre ce crime.
39. Les Legrand ont pris leur retraite et ..... leur petit café à leur fils.
40. Philippe a ..... son joli petit camion.
41. Mesdames, Messieurs, on nous ....., à l'instant, une nouvelle de la plus grande importance!
42. De notre conversation, il a ..... que l'affaire pourrait m'intéresser.
43. En France on peut encore être ..... à mort pour crime.
44. Ils ont ..... de se retrouver au café à cinq heures.
45. Vos projets ..... le plan le plus osé qu'on ait jamais conçu.
46. Ne prends pas ce pot, il .....
47. Ce monsieur a oublié son chapeau, ... vite le lui reporter!

48. Couche-toi et .....-toi bien pour ne pas avoir froid.
49. Le fleuve ..... dans une vallée.
50. Allô? Mademoiselle, je viens d'être .....!

Cherchez à convaincre vos *camarades de* tenir tous les jours une petite *conversation* en français. Si vous *consacrez* quelques minutes par jour à *ce* petit exercice, vous ferez des progrès *considérables.*

IX Cherchez les adjectifs ou adverbes qui conviennent.
(Ils commencent tous par «c».)

1. Non, Monsieur, nous n'avons plus de chambre de libre. Tout est .....
2. C'est un garçon très ....., il réussira dans la vie.
3. Un peigne en corne coûte plus ..... qu'un peigne ordinaire.
4. Le feu avait ..... détruit la forêt.
5. Il se tenait là, tout ....., au milieu des gens qui faisaient cercle autour de lui.
6. Il a avoué au juge qu'il était .....
7. Il est très ..... de son travail.
8. Avec lui il faut s'attendre à tout, il a souvent des idées très .....
9. Fais attention! Quand il est en colère, il est ..... de tout casser.
10. Mais oui, c'est .....! Vous pouvez le lire dans tous les journaux.
11. ..... jour, il fait une promenade avant d'aller se coucher.
12. L'Arc de Triomphe se trouve dans un quartier ..... de Paris.
13. ..... il a changé depuis ma dernière visite!
14. Frappe contre cet arbre, tu verras qu'il est .....
15. Beaucoup n'étaient pas d'accord et on engagea une ..... discussion.
16. Les deux frères ont un intérêt ..... pour le chant.
17. J'ai surpris ..... conversations qui m'ont causé du souci.
18. Le professeur d'allemand s'est acheté les œuvres ..... de Thomas Mann.
19. Jean sera très ..... de vous voir.
20. Je regrette, Madame, nous n'avons pas cette couleur, elle n'est pas du tout .....
21. Ils sont d'avis tout à fait .....
22. «Avez-vous une cigarette à m'offrir?» – «Mais ....., cher ami.»
23. Le train pour Paris passe dans cette direction, celui pour Lyon roule en sens .....
24. ..... coûtent ces chaussettes?

Celui qui va à la *chasse* est un *chasseur.* On dit qu'il *chasse.*
Pouvez-vous dire d'un seul trait?
«*Chasseurs,* sachez *chasser* sans *chien.*» Plus vite! Encore plus vite!

X Trouvez les mots qui manquent.
(Ils ne commencent pas tous par «c».)

1. ..... ne me dérange pas.
2. L'orage est passé, le vent ....
3. Nous avons environ une centaine ..... bouteilles de vin à la cave.
4. Je retire mon manteau car j'ai trop .....
5. Je l'ai ..... chercher des cigarettes.
6. Son ami est venu la ..... pour aller au cinéma.
7. Ah, tu n'as pas ....., tu es bien toujours le même!
8. Voilà les wagons ..... première .....
9. As-tu fermé la porte ..... clé?
10. Eric ne veut pas se .... les cheveux parce que c'est la mode de les porter longs.
11. Messieurs et Mesdames, faites votre ....., tous les billets gagnent!
12. Quand passes-tu me chercher pour aller ..... Monique?
13. En France, on n'a pas le droit de fumer pendant la .....
14. Chaque fois que l'artiste entre en scène, son cœur .....
15. Il est .... Il ne veut jamais aider personne.
16. Ça y est! Le chat a mangé la viande! Je t'avais ..... dit de le chasser.
17. ....., vous avez raison, mais il n'est pas toujours bon de dire la vérité.
18. Au cas où vous ..... au théâtre, appellez-moi, j'aimerais vous y accompagner.
19. On court jusqu'à l'arbre; ..... qui arrivera le premier aura gagné.
20. Qu'est-ce que tu fais ..... après-midi?
21. On ..... sa ceinture pour tenir son pantalon.
22. J'ai souvent .... en voiture ou en autocar.
23. M. Dupont est un homme qui ne peut pas se .....; il se met tout de suite en colère.
24. Non, vous ne me dérangez pas, je suis au ..... très heureux de vous voir.
25. ...., on entendit un cri.
26. Reprends ....., tout n'est pas perdu!
27. Ce garçon parle déjà tout ..... son père.
28. Après la lecture d'une histoire par le professeur, les élèves en font le .....

29. Le repas a coûté 26 francs service .....
30. Quand Charles sort avec ses camarades sa mère lui dit toujours de bien se .....
31. Attendez, Christian va vous réparez cela, il s'y ..... en chauffage central.
32. Quand on a un ennui on peut toujours lui ..... conseil.
33. La liberté de ..... reconnait à l'homme la liberté de croire ou de ne pas croire en Dieu.
34. Tu peux ..... sur moi, je me charge de l'affaire.
35. Quand vous saluez quelqu'un vous lui demandez: «..... allez-vous?»
36. Nous pourrons livrer dans le ..... du mois prochain.
37. Il était en notre compagnie par ..... il ne peut pas avoir commis le crime.
38. Je le ..... très riche, mais il ne le montre pas.
39. De mon ....., je suis d'accord, cependant demandez à ma femme ce qu'elle en pense.
40. Maintenant, presque tous les bas nylon sont ....
41. Il a préféré rentrer tout de suite de ..... qu'il ne pleuve.
42. Il venait de ramasser un petit oiseau qu'il tenait dans le ..... de sa main.
43. Janine veux-tu .... des œufs?
44. Il changea .... en apprenant la nouvelle.

On peut lire dans le journal, en petits *caractères*:

Chef de gare cherche une *chambre* à louer à la *campagne* avec *eau courante,* si possible *cabinet de toilette.* Aime le *calme* et la *chaleur craint* les *cris* et les *courants d'air.* Serait *content de* pouvoir aller à la *chasse* ou de visiter des *châteaux.*

Voilà ce qu'il fallait répondre!

I: 1b, 2b, 3b, 4c, 5c, 6c, 7b
II: 1c, 2c, 3a, 4a, 5b, 6c, 7a, 8b, 9a, 10b, 11b, 12a, 13a, 14b
III: 1b, 2b, 3c, 4c, 5c, 6c
IV: 1 juste, 2 juste, 3 juste, 4 faux, 5 faux, 6 juste, 7 juste, 8 juste, 9 juste, 10 juste, 11 faux, 12 juste, 13 juste, 14 juste, 15 juste, 16 juste, 17 juste, 18 juste
V: 1j, 2i, 3d, 4o, 5f, 6c, 7n, 8k, 9p, 10h, 11e, 12b, 13g, 14a, 15l, 16m, 17q
VI: 1 au, 2 à, 3 en, 4 de, 5 au, 6 à, 7 de, 8 dans, 9 de, 10 dans, 11 en, 12 au, 13 à, 14 de, 15 à, 16 à, 17 à, 18 de, 19 de, 20 de, 21 de, 22 de, 23 de, 24 à, 25 en
VII: 1 cause, 2 chagrin, 3 chèvre, 4 commerce, 5 confiance, 6 conscience, 7 coton, 8 coups, 9 cuisine, 10 coton, 11 cabinet, 12 centre, 13 charge,

14 chasse, 15 chef, 16 chemin, 17 cheveux, 18 chiffon, 19 charme, 20 chiffres, 21 chute, 22 cité, 23 compagnie, 24 condition, 25 conseil, 26 côtes, 27 cou, 28 cabinets, 29 chaussures, 30 charrue, 31 charge, 32 charbon, 33 changement, 34 couteau, 35 crainte, 36 culture, 37 chemin de fer, 38 chef, 39 choix, 40 chiffre, 41 ciel, 42 circonstances, 43 coin, 44 compte, 45 conditions, 46 conscience, 47 chef d'œuvre, 48 cours, 49 côté, 50 cour, 51 coups, 52 courant, 53 côté, 54 cours, 55 conséquences, 56 corps, 57 côte, 58 caractère, 59 cuisine, 60 chance

VIII: 1 compter, 2 combattre, 3 connaissez, 4 couler, 5 cachez, 6 comparer, 7 couvrir, 8 coudre, 9 crache, 10 craignent, 11 cries, 12 cultive, 13 crée, 14 créé, 15 creusant, 16 crois, 17 chauffe, 18 changent, 19 causa, 20 change, 21 chanter, 22 combattu, 23 chargé, 24 chauffe, 25 chargé, 26 commander, 27 composé, 28 concevoir, 29 connaissez, 30 considère, 31 confier, 32 consacré, 33 consoler, 34 constater, 35 constituer, 36 construire, 37 contient, 38 conduit, 39 cèdé, 40 cassé, 41 communique, 42 conclu, 43 condamné, 44 convenu, 45 constituent, 46 coule, 47 cours, 48 couvre, 49 coule, 50 coupé

IX: 1 complet, 2 capable, 3 cher, 4 complètement, 5 confus (content), 6 coupable, 7 content, 8 curieuses, 9 capable, 10 certain, 11 chaque jour, 12 central, 13 comme, 14 creux, 15 chaude, 16 commun, 17 certaines, 18 complètes, 19 content, 20 courante, 21 contraires, 22 certainement, 23 contraire, 24 combien

X: 1 cela, 2 se calme, 3 de, 4 chaud, 5 envoyé, 6 chercher, 7 changé, 8 de ... classe, 9 à, 10 faire couper, 11 choix, 12 chez, 13 classe, 14 bat, 15 sans cœur, 16 cependant, 17 certes, 18 iriez, 19 celui, 20 cet, 21 met, 22 mal au cœur, 23 contenir, 24 contraire, 25 tout à coup, 26 courage, 27 comme, 28 compte-rendu, 29 compris, 30 conduire, 31 connait, 32 demander, 33 conscience, 34 compter, 35 comment, 36 courant, 37 conséquent, 38 crois, 39 côté, 40 sans couture, 41 crainte, 42 creux, 43 faire cuire (aller chercher), 44 de couleur

Combien de fautes avez-vous faites?

	I à VI	VII à IX	X
très bien	0– 8	0–13	0– 4 fautes
bien	9–17	14–27	5– 9 fautes
satisfaisant	18–26	28–41	10–14 fautes
douteux	27–43	42–67	15–22 fautes
A revoir!	plus de 43	plus de 67	plus de 22 fautes

D comme Début

Après avoir résolu les *difficultés de* C, les exercices *de* D vont vous paraître faciles. Essayez *de* répondre aux *différentes* questions. S'il vous manque *des* mots, relisez votre vocabulaire. *Dressez* ensuite une liste *des* mots *difficiles:* Il vous sera ainsi plus facile *de* les retenir.

I Quel est le contraire?

1. Il n'est pas encore *debout,* c.-à-d. qu'il est encore
   a) couché.
   b) blessé.
   c) éveillé.
2. Ils ont deux camions à *décharger* et un à
   a) remplir.
   b) changer.
   c) charger.
3. Le *dernier* exercice est facile,
   a) l'autre aussi.
   b) le premier aussi.
   c) le second aussi.
4. L'homme n'a pas que des *défauts,* il a aussi des
   a) oreilles.
   b) difficultés.
   c) qualités.
5. On *descend* une côte après l'avoir
   a) parcourue.
   b) montée.
   c) apportée.
6. Ses chances *diminuent,* celles de son ami
   a) poussent.
   b) augmentent.
   c) avancent.
7. Le printemps a été doux, l'hiver
   a) rude.
   b) tendre.
   c) sec.
8. Paul a le cœur *dur,* sa femme a le cœur
   a) mou.
   b) tendre.
   c) gentil.
9. Le sol est sec et *dur;* quand il a plu il est
   a) léger.
   b) mou.
   c) vieux.
10. Tournez *à droite!*
    a) en rond
    b) tout droit
    c) à gauche
11. Ceci est le *dos* de la robe.
    a) le bas
    b) le devant
    c) le dessus

12. Le contraire de *au dehors* est
    a) au jardin.
    b) au dedans.
    c) à côté.

13. Le contraire de *derrière* est
    a) dedans.
    b) depuis.
    c) devant.

II Qu'est-ce qui veut dire la même chose?

1. *Je m'en doutais.*
    a) Je l'avais deviné.
    b) Je l'avais dit.
    c) Je l'avais craint.

2. Où *demeurait*-il?
    a) Où est-il mort?
    b) Où habitait-il?
    c) Où est-il resté?

3. *au début de*
    a) au cours de
    b) à la fin de
    c) au commencement de

4. Sa mère lui a *défendu* de sortir.
    a) demandé
    b) interdit
    c) conseillé

5. Chantal a *dérobé* des pommes au voisin.
    a) apporté
    b) vendu
    c) volé

6. Allez le voir *dès que* vous le pourrez.
    a) depuis que
    b) aussitôt que
    c) autant que

7. Gérard a *démoli* le château de sable de Luc.
    a) construit
    b) détruit
    c) admiré

8. Il a été malade *durant* le voyage.
    a) avant
    b) pendant
    c) après

III Quelle est la suite qui convient?

1. J'aimerais me débarasser de ce travail parce
    a) qu'il n'est pas intéressant.
    b) que je n'ai rien à faire.
    c) qu'il est très intéressant.

2. Quant on sait se débrouiller,
    a) on peut être condamné.
    b) on joue de la musique.
    c) on réussit dans la vie.

3. Le petit déjeuner est un repas
   a) où l'on mange très peu.
   b) qui se prend le matin.
   c) qui se prend le soir.
4. On a détourné la route de Belfort à Besançon parce qu'
   a) elle est trop droite.
   b) elle est trop longue.
   c) on y fait des travaux.
5. D'ici, on peut distinguer le Mont Blanc
   a) quand on a un crayon.
   b) par temps clair.
   c) parce qu'il est très loin.
6. Jean et Solange se disputent car
   a) ils sont d'accord.
   b) ils ne sont pas d'accord.
   c) ils veulent aller se promener.
7. Je doute de ses paroles car
   a) il ment souvent.
   b) j'ai confiance en lui.
   c) il dit la vérité.

Vous vous êtes bien *débrouillé!* Il n'y avait pas trop *de questions délicates.* Il était facile *de* sentir les *différences.* Après ce bon *début,* essayez *de* continuer sur la même voie.

IV Est-ce que c'est

	faux?	juste?
1. Le déjeuner est le repas de midi.	○	○
2. Le dimanche, on ne travaille pas.	○	○
3. En France, on danse dans la rue le 14 juillet.	○	○
4. C'est un directeur qui dirige une école.	○	○
5. Le chien est un animal domestique.	○	○
6. L'homme a des doigts aux mains et aux pieds.	○	○
7. Le drapeau français est bleu, blanc et rouge.	○	○
8. Le mois de décembre est en hiver.	○	○
9. Le dîner est le repas du soir.	○	○

V Quels sont les mots qui vont ensemble?

1. Dieu
2. le danger
3. la dent
4. le désert
5. le dessin
6. les degrés
7. le devoir
8. le disque
9. le docteur
10. le domestique
11. le drap
12. le dos

a) l'imagination, b) l'école, c) le ménage, d) la musique, e) le lit, f) la bouche, g) le malade, h) la religion, i) la soif, j) la mort, k) le ventre, l) l'escalier

Vous *êtes-vous déjà décidé à discuter* en français avec vos camarades?

VI Quelles sont les prépositions qui conviennent?

à, de, dans, en

1. ..... la rue
2. au début .....
3. ..... défaut de
4. digne .....
5. dans la direction .....
6. ..... 3 mètres de distance
7. ..... temps ..... temps
8. ..... direction de
9. ..... 8 jours
10. ..... dehors de
11. ..... les 3 jours
12. plus jeune ..... 3 ans

de, à

13. se décider ..... faire qc
14. défendre ..... faire qc
15. se douter ..... qc
16. avoir le droit ..... faire qc
17. diminuer .....
18. discuter .....
19. disposer .....
20. se débarasser .....
21. décider ..... faire qc
22. donner ..... manger à qn
23. se décharger .....
24. décorer .....
25. douter .....
26. se dégager .....

Vous *désirez* aussi acheter *des disques* français? Vous *vous demandez* si cela vous sera utile. Mais oui, vous *devriez* le faire! Mais à une condition: Ecouter *les disques de* façon régulière, sinon c'est *une dépense* inutile. Au bout *de* quelques temps vous aurez *développé* vos connaissances et vous comprendrez chaque *détail de* ce qui *est dit.*

VII Trouvez les substantifs qui conviennent.

(Ils commencent tous par «d».)

1. Il a fait ses ..... sur scène à Paris.
2. Son ..... pour Bordeaux est prévu pour demain.
3. Il s'est fait un ..... de vous avertir aussitôt.
4. On représente souvent le ..... avec des cornes et une grande queue.
5. Je ne sens pas la ..... entre ces deux vins.
6. Ils plantent les arbres à une ..... de 3 mètres les uns des autres.
7. Je ne peux pas vous répondre; ce que vous me demandez n'est pas de mon .....
8. Comme il avait très chaud et très soif, il commanda un .....
9. Pendant toute la ..... du film, il avait discuté avec son voisin.
10. Le directeur de la nouvelle école a prononcé un .....
11. La maison n'a pris aucune ..... à ce sujet.

12. Les hommes lancent un ..... de 2 kg, les femmes de 1 kg.
13. Ils ont parcouru à pied une ..... de 24 km en 4 heures et demi.
14. Depuis toujours, je lui connaissais cette ..... naturelle à se moquer des autres.
15. Ils n'étaient pas d'accord et ont eu une ..... assez vive.
16. Il me dit qu'il lui venait des ..... sur l'importance et la valeur de ses projets.
17. Ce qui plaisait par dessus tout c'était la ..... de sa voix.
18. Il a un très grand ..... planté de vigne.
19. Il éprouva une grande ..... en apprenant la mort de son ami.
20. Il s'est fait faire un joli manteau de ..... bleu.
21. Quand il fait mauvais temps, les vieilles personnes ont souvent des .....
22. Chacun a le ..... de penser ce qu'il veut.
23. Maladie, douleur, bonheur font partie de la ..... de l'homme.
24. On m'a vendu ces assiettes meilleur marché car elles ont de petits .....
25. Il venait de faire un ..... avec des crayons de couleur.
26. Le petit Daniel a glissé sur la glace et est tombé sur son .....
27. Son plus grand ..... était d'aller sur la lune.
28. Ce n'est qu'un ....., l'important de l'affaire n'est pas là.
29. Il a eu de la ..... à passer son examen.
30. Dans quelle ..... est-il parti?
31. Cette vieille dame a déjà eu bien des ..... dans la vie.
32. J'ai pris la ..... d'apprendre à conduire dès que possible.
33. Il se plaisait bien dans sa nouvelle ..... qu'il avait arrangée avec goût.
34. J'ai entendu parler de cette affaire, mais je n'en connais pas tous les .....

VIII Trouvez les verbes qui conviennent.
(Ils commencent tous par «d».)

1. Eric, veux-tu ..... tes affaires qui traînent sur la table?
2. Philippe a ..... sa culotte en montant aux arbres.
3. Les Legrand ont ..... de faire construire une maison.
4. Voilà deux ans qu'ils sont séparés et il n'a pas encore réussi à se ..... d'elle.
5. Le ministre a ..... que les discussions au sujet du marché commun s'étaient passées dans le calme.
6. Il a été ..... pour les services qu'il a rendu à la patrie.
7. Mes gants ....! J'ai essayé de les chercher: Impossible de les trouver!
8. Son père lui a ..... un très joli livre pour sa fête.
9. Connaissez-vous un moyen sûr de ..... le vrai du faux?

10. Je dois ..... huit heures par nuit pour être en forme.
11. Le cours de français ..... une heure et demie.
12. Elle avait ..... les fauteuils autour d'une petite table.
13. Le château fort ..... la vallée du haut de la montagne.
14. Voulez-vous me ..... le numéro 22 à Paris, s.v.p.?
15. En allemand «der Apfel» ..... la pomme.
16. C'est à votre fils, Monsieur, que je ..... d'être ici.
17. On m'a ..... que vous alliez bientôt quitter la maison, est-ce vrai?
18. Si vous voulez bien, nous ..... de cela une autre fois.
19. Il a ..... un groupe de jeunes alors qu'il était étudiant.
20. Il y a longtemps que tu as vu Gérard? Que .....-il?
21. Le jeune homme aida la vieille dame à ..... sa valise.
22. Après le dîner, elle devait ..... les plus petits, les coucher, ensuite elle était libre.
23. Avant de partir, il avait ..... celui qui était chargé de le représenter pendant ses vacances.
24. Christophe Colomb a ..... l'Amérique.
25. Il a un très bon avocat pour le .....
26. Des fleurs qu'il avait apportées se ..... une odeur délicate.
27. Vraiment, ces résultats ..... toutes mes espérances.
28. Quand on envoie un paquet à l'étranger, il faut ..... la valeur de l'objet.
29. Elle avait préparé un bon repas et ..... la table de fleurs blanches.
30. J'ai réussi à ..... cette affaire, maintenant j'y vois plus clair.
31. On a appelé le docteur dès que la maladie s'est .....
32. Il alla avancer sa voiture pour ..... le passage.
33. Ce vieux monsieur était ..... enfant toute sa vie.
34. Je vous ..... pardon, je ne voulais pas vous blesser.
35. Profitez de ma voiture, je vais dans la même direction, je vous ..... en passant.
36. Dimanche dernier Gilles a ..... 15 francs pour aller danser.
37. Philippe ne ..... pas papa, tu vois bien qu'il est en train de travailler.
38. C'est un sujet que l'on pourrait ..... pendant des heures.
39. Après bien des discussions, Pierre avait réussi à la ..... de son projet.
40. Il me ..... encore l'argent que je lui ai prêté l'an dernier.
41. Il a eu une drôle d'attitude, qu'est-ce que cela veut ..... ?
42. Il ..... de moyens assez puissants pour faire accepter son projet.
43. Je pense qu'il réussira son examen, il ..... très bien son sujet.

44. On a ..... une nouvelle statue sur la place.
45. Il ..... à tout prix le pouvoir.
46. As-tu déjà ..... les photos?

IX Trouvez l'adjectif ou l'adverbe qui convient.
(Ils commencent tous par «d».)

1. Aujourd'hui il n'a pas le temps, mais il a promis de venir .....
2. En décembre, il fait froid, ...
3. ....., tu vas le réveiller!
4. Eric est un enfant ....., il est souvent malade.
5. Nous sommes allés au cinéma ensemble la semaine dernière, mais je ne l'ai pas revu .....
6. «Je ne trouve pas le crayon sur la table!» – «Regarde ....., il est par terre.»
7. Il se tenait là, ... et digne.
8. Le père de Pierre a toujours été très ..... avec ses enfants.
9. Dimanche ....., je suis allée me promener dans la forêt.
10. Philippe a mis plus de deux heures à faire son devoir: Il était très .....
11. Ce vin ne me plaît pas, il est beaucoup trop .....
12. Je lui ai prêté ..... livres qu'il ne m'a toujours pas rendus.
13. J'invitai Pierre à dîner avec nous mais il avait ..... mangé.
14. Attention, va ....., la route devient dangereuse!
15. «Je ne trouve pas la clé sur le bureau!» – «Mais si, regarde ....., elle y est.»
16. C'est un garçon très ....., il fait rire tout le monde.
17. Ma tante Agathe était une vieille dame très .....
18. Je n'aime pas être au ..... rang quand je suis au cinéma.
19. Il avait tellement bu qu'il ne pouvait plus se tenir ..... et voyait double.
20. «Le sucre est dans cette boîte-là?» – «Oui, oui, ...»

X Trouvez les mots qui manquent.
(Attention! la lettre «d» ne vous sera pas toujours une aide.)

1. Ce matin il ..... déjà 20 degrés à l'ombre.
2. Notre voisin voudrait ..... un chien pour aller à la chasse.
3. Oh! Bonjour Pierre, tu es déjà là. Tu attends depuis ..... ?
4. L'enfant ..... le père est malade ne doit pas faire de bruit dans la maison.
5. ..... le début, elle avait pris l'habitude de ne pas travailler au-delà de ses forces.
6. Nous nous sommes dirigés ..... le village que l'on distinguait au loin.

7. Elle habite . . . . de la ville.
8. Tout d'abord j'aurais . . . . à vous poser.
9. Viens . . . . . te promener, tu feras bien tes devoirs une autre fois!
10. Il est . . . . malade, voilà deux jours que je ne l'ai pas vu.
11. . . . . il est marié, il oublie complètement ses amis.
12. Je rentre du bureau à 18 h, vous pourrez . . . . . venir livrer dès 18 h.
13. Je me demande . . . . . Pierre viendra demain.
14. . . . . . , je ne lui adresserai plus la parole!
15. Elle écoutait un petit oiseau qui chantait sur une branche . . . . sa tête.
16. Claude et Bernard sont, ... , dans la même classe.
17. La jeune fille . . . . . j'ai vu la mère est infirmière.
18. L'an dernier, il a déjà commencé à neiger . . . . novembre.
19. Il est dangereux . . . . . descendre d'une auto en marche.
20. Il est dangereux de . . . . . quand une autre auto vient en sens contraire.

A la frontière on vous *demande:* «Avez-vous quelque chose à *déclarer?*»

Question délicate! Que répondre? Votre *devoir* serait *de déclarer* les marchandises que vous avez achetées à l'étranger. Il vous faudrait alors payer *des droits.* Vous pouvez aussi *dire que* vous n'avez rien. Mais cela peut être *dangereux.* Si l'on cherche *dans* votre voiture, si l'on ouvre vos valises, vos affaires seront de toute façon *dérangées.* Et si l'on *découvre* une *dizaine de* paquets de cigarettes, *du* vin ou *diverses* autres choses *«défendues»* vous *devrez* payer bien *davantage.* A vous de *décider!*

Voilà ce qu'il fallait répondre:

I: 1a, 2c, 3b, 4c, 5b, 6b, 7a, 8b, 9b, 10c, 11b, 12b, 13c
II: 1a, 2b, 3c, 4b, 5c, 6b, 7b, 8b
III: 1a, 2c, 3b, 4c, 5b, 6b, 7a
IV: 1–9: Toutes les phrases sont justes.
V: 1h, 2j, 3f, 4i, 5a, 6l, 7b, 8d, 9g, 10c, 11e, 12k
VI: 1 dans, 2 de, 3 à, 4 de, 5 de, 6 à, 7 de . . . en, 8 en, 9 dans, 10 en, 11 dans, 12 de, 13 à, 14 de, 15 de, 16 de, 17 de, 18 de, 19 de, 20 de, 21 de, 22 à, 23 de, 24 de, 25 de, 26 de
VII: 1 débuts, 2 départ, 3 devoir, 4 diable, 5 différence, 6 distance, 7 domaine, 8 demi, 9 durée, 10 discours, 11 disposition (décision), 12 disque, 13 distance, 14 disposition, 15 discussion, 16 doutes,

17 douceur, 18 domaine, 19 douleur, 20 drap, 21 douleurs, 22 droit, 23 destinée, 24 défauts, 25 dessin, 26 derrière, 27 désir, 28 détail, 29 difficulté, 30 direction, 31 difficultés, 32 décision, 33 demeure, 34 détails

VIII: 1 débarasser, 2 déchiré, 3 décidé, 4 détacher, 5 déclaré, 6 décoré, 7 ont disparu, 8 donné, 9 distinguer, 10 dormir, 11 dure, 12 disposé, 13 domine, 14 donner, 15 désigne, 16 dois, 17 dit, 18 discuterons, 19 dirigé, 20 devient, 21 descendre, 22 déshabiller, 23 désigné, 24 découvert, 25 défendre, 26 dégageait, 27 dépassent, 28 déclarer, 29 décoré, 30 débrouiller, 31 déclarée, 32 dégager, 33 demeuré, 34 demande, 35 déposerai, 36 dépensé, 37 dérange, 38 développer, 39 détourner, 40 doit, 41 dire, 42 dispose, 43 domine, 44 dressé, 45 désire, 46 développé

IX: 1 demain, 2 dehors, 3 doucement, 4 délicat, 5 depuis, 6 dessous, 7 droit, 8 dur (doux), 9 dernier, 10 difficile, 11 doux, 12 divers, 13 déjà, 14 doucement, 15 dessus, 16 drôle, 17 digne, 18 dernier, 19 debout, 20 là-dedans

X: 1 fait, 2 dresser, 3 longtemps, 4 dont, 5 dès, 6 vers, 7 en dehors, 8 différentes questions, 9 donc, 10 sans doute, 11 depuis qu', 12 donc, 13 si, 14 désormais, 15 au dessus de, 16 tous les deux, 17 dont, 18 au mois de, 19 de, 20 dépasser

Combien de fautes avez-vous faites?

	I à VI	VII à IX	X
très bien	0– 7	0– 9	0– 2 fautes
bien	8–15	10–20	3– 4 fautes
satisfaisant	16–23	21–31	5– 6 fautes
douteux	24–37	32–50	7–10 fautes
A revoir!	plus de 37	plus de 50	plus de 10 fautes

Est-ce que vous vous sentez plus sûr qu'au début? Comparez vos résultats, si cela vous amuse.

Lettre A	I–VI	VII–IX	X .....
Lettre B	I–VI	VII–IX	X .....
Lettre C	I–VI	VII–IX	X .....
Lettre D	I–VI	VII–IX	X .....

E comme Effort

Après ce petit *examen* de vos résultats, vous avez raison de poursuivre votre *effort*. Si vos résultats sont *excellents,* tant mieux! Sinon ne *vous effrayez* pas, continuez à *vous entraîner,* dans quelque temps vous serez *étonné* de vos progrès.

I Quel est le contraire?

1. Il faut *enlever* le couvert après l'avoir
   a) apporté.
   b) mis.
   c) installé.
2. J'attendais à l'*entrée* du magasin, mon amie
   a) au milieu.
   b) à la porte.
   c) à la sortie.
3. Vous avez une couverture très *épaisse,* la mienne est
   a) mince.
   b) lourde.
   c) légère.
4. Cette rue est très *étroite,* celle-là est
   a) petite.
   b) sombre.
   c) large.

Alors? *J'espère que* votre *enthousiasme* est toujours aussi grand et que vous *êtes en excellente* forme pour continuer. Je vous invite à le faire.

II Qu'est-ce qui veut dire la même chose?

1. *effrayer* qn
   a) protéger qn
   b) faire peur à qn
   c) prévenir qn
2. *évidemment*
   a) sûrement
   b) bien entendu
   c) certainement
3. On a fait une *étude* à ce sujet.
   a) un examen
   b) des recherches
   c) une école
4. C'est une *erreur* assez grave.
   a) un accident
   b) une horreur
   c) une faute
5. Le chien s'est *échappé.*
   a) battu
   b) enfui
   c) couché

6. On a *élevé* une statue sur la place.
   a) poussé
   b) dressé
   c) amené

7. Il *écarta* ses ennemis du pouvoir.
   a) appela
   b) chassa
   c) éloigna

8. Les *environs* de la ville sont plantés de vigne.
   a) abords
   b) terrains
   c) champs

9. Le chien *s'élance* sur un os.
   a) jette un os
   b) se réfugie sur un os
   c) se précipite sur un os

III Quelle est la suite qui convient?

1. Pierre a échangé sa bicyclette contre celle d'Eric parce qu'
   a) elle lui plait mieux.
   b) il n'aime pas changer.
   c) il préfère prendre le train.

2. Je voudrais voir l'ensemble du projet
   a) car il ne m'intéresse pas.
   b) pour le déchirer.
   c) et non pas que les détails.

3. Qu'entendez-vous par là? Cela veut dire:
   a) Quelle sorte de bruit est-ce?
   b) Que voulez-vous dire par là?
   c) Vous entendez de cette oreille?

4. Cela lui a échappé, c'est-à-dire qu'
   a) il n'a pas pu le retenir.
   b) il ne l'a pas vu.
   c) il a trop parlé.

IV Est-ce que c'est

	faux?	juste?
1. Le soleil se lève à l'est et se couche à l'ouest.	○	○
2. Le médecin examine les malades.	○	○
3. Quand qn est mort, on l'enterre au cimetière.	○	○
4. Un étranger est une personne étrange.	○	○
5. Prendre qn dans ses bras, c'est l'embrasser.	○	○
6. Etendre du linge, c'est le suspendre à une corde.	○	○
7. Exposer une idée, c'est l'exprimer.	○	○
8. Quand on épouse qn, on s'engage pour toute la vie.	○	○
9. Quand on manque d'air, on étouffe.	○	○
10. On a souvent besoin d'une échelle pour cueillir des pommes.	○	○

V Quels sont les mots qui vont ensemble?

1. l'éclair	5. les épreuves	9. l'épingle
2. l'été	6. l'enveloppe	10. l'essence
3. l'électricité	7. l'épaule	11. l'eau
4. l'étoile	8. l'effort	12. l'épicier

a) le timbre, b) le bras, c) les vacances, d) l'hiver, e) le ciel, f) la voiture, g) la soif, h) la couturière, i) la lumière, j) l'orage, k) la fatigue, l) les photos, m) le sucre

Entraînez-vous tous les jours même si, parfois, vous n'*en avez* pas grande *envie.*

VI Quelle est la préposition qui convient?

à (au), de, par, en, dans

1. ..... ami	8. épais ..... 3 cm
2. à l'époque ..... Louis XV	9. ..... bois
3. ..... erreur	10. ..... l'est de
4. ..... l'escalier	11. entrer ..... gare
5. une maison ..... 2 étages	12. ..... premier étage
6. ..... été	13. ..... l'étranger
7. ..... exemple	14. ..... expérience

de, à

15. s'échapper	23. s'emparer .....
16. s'élever	24. s'exercer .....
17. entourer	25. s'étonner .....
18. avoir envie ..... chanter	26. engager .....
19. être ..... plaindre	27. essayer ..... faire qc
20. s'excuser ..... qc	28. empêcher ..... faire qc
21. écrire ..... qn	29. s'empresser ..... faire qc
22. s'efforcer	

Essayez d'éviter le plus grand nombre de fautes possible. Ne consultez votre vocabulaire de base que dans un cas *extrême.*

VII Trouvez le substantif qui convient.

(Ils commencent tous par «e».)

1. Je suis contente de ce médicament; il fait beaucoup d'.....
2. Nous avons fini par trouver un ..... très calme, près de la forêt, où nous avons passé l'après-midi.
3. Beaucoup de gens considèrent le corps comme l'..... de l'âme.

4. L'..... de l'ennemi dans une ville est souvent accompagnée de crimes.
5. Je n'aime pas toutes les ..... de chiens.
6. En été, beaucoup d'..... viennent visiter Paris.
7. Je l'ai toujours admiré pour son ..... vif et clair.
8. Tous les matins, il écoute la radio pour être au courant des derniers .....
9. Après un rapide ....., le médecin lui déclara que son état de santé était excellent.
10. L'..... lui avait appris qu'il ne fallait pas faire confiance à tout le monde.
11. Il avait tout juste ce qui est nécessaire à l'.....
12. Le maître donne de nombreux ..... pour expliquer les mots nouveaux.
13. L'..... de cette carte est de 1 pour 25.000.
14. Je n'ai pas eu le temps de lui parler, il a traversé la pièce comme un .....
15. L'Etat utilise une grande partie des impôts pour l'..... des jeunes Français.
16. L'or a un ..... que j'aime beaucoup.
17. Ils étaient tellement heureux de se revoir que l'..... les empêchait de parler.
18. Parvenu à un âge avancé, il avait, cependant, conservé toute l'..... de sa jeunesse.
19. M. Legrand a toujours eu beaucoup d'..... pour sa femme.
20. Il ne vit que de l'..... d'avoir un jour du succès.
21. Il avait pris l'habitude de réfléchir sur l'..... de toute chose.
22. Il était soldat de son .....
23. Les Français vont de plus en plus passer leurs vacances à l'.....
24. L'espérance de vie de l'..... humaine s'élève à plus de 60 ans en Europe.
25. Après son accident, il n'était plus en ..... de conduire pour rentrer chez lui.
26. Il avait appris les premiers ..... de la langue allemande à l'école.
27. Je dois vous dire qu'à cet ..... c'est vous qui avez tort.
28. Le verre de sa montre était cassé; il ramassa les derniers ..... sur le sol.
29. Cette décision eut pour ..... d'effrayer les gens au lieu de les rassurer.
30. L'..... des enfants crée bien souvent des difficultés aux parents.
31. On suppose que le voleur connaissait l'..... de la petite entrée derrière la maison.

32. On fait de nombreuses ..... avant de vendre un médicament dans le commerce.
33. Gérard ne parlait jamais à Luc, il le considérait, depuis toujours, comme son .....
34. A Paris le prix d'..... des cinémas est quelquefois de 10 francs.
35. Son plus grand défaut était l'....., elle aurait voulu tout avoir ce que les autres avaient.
36. A cette ..... il était encore au lycée.
37. Ce qu'il appelait «atelier» était un ..... de 2 m sur 3 avec une toute petite fenêtre.
38. Le sport était sa passion et il se préparait avec enthousiasme aux prochaines .....
29. Il laissa un ..... vide parce qu'il ne savait pas quoi écrire en réponse à la question.
40. La plupart des gens se marient à l'.....

VIII Trouvez le verbe qui convient.
(Ils commencent tous par «e».)

1. Un coup de fusil ..... et un oiseau tomba.
2. Après la mort de son mari, elle avait eu bien du mal à ..... ses enfants seule.
3. Depuis qu'il était malade, il ne mangeait que des pommes de terre qu'il ..... avec du beurre et un peu de sel.
4. Nous avons ..... Jean passer deux jours à la campagne.
5. Il était ..... de son voyage.
6. Ce manteau est beaucoup trop long et m'..... pour marcher.
7. Eliane, ... ce qu'il y a au tableau et écrivez la phrase suivante.
8. En ce moment, nous ..... plus de 600 personnes, ouvriers et employés de bureau compris.
9. Avez-vous déjà ..... vos valises à la gare?
10. Elle s'imaginait que l'air était peuplé d'esprits et que le monde était .....
11. Je n'aime pas prendre ce médicament car il m'.....
12. Comme il ne voulait pas ouvrir, la police ..... la porte.
13. Eric, ... ton pull-over, tu vas avoir trop chaud pour courir.
14. Les gens d'à côté ..... leur chien dans la cuisine quand ils partent.
15. Avez-vous ..... le tonnerre cette nuit?
16. Maman, où est le chiffon pour ..... la table?
17. Il ..... que le voyage n'en vaut pas la peine.
18. La police a pu ..... que le voleur était le même dans les deux cas.
19. Il a ..... pendant des années l'attitude de ses malades.

20. Lorsqu'il s'....., le soleil était levé depuis longtemps.
21. ..... les verres dans du papier pour qu'ils ne cassent pas!
22. Ce manteau me plaît beaucoup, puis-je l'..... ?
23. Attention, regarde bien avant de traverser la rue, sinon tu risques de te faire .....
24. Mon oncle a ..... le mur de son jardin de 50 cm.
25. En France, les gens s'..... souvent sur les deux joues quand ils se rencontrent ou se quittent.
26. Il ..... son métier depuis cinq ans dans cette ville.
27. J'..... votre faute à cause de votre extrême jeunesse.
28. On a l'habitude de dire que les femmes n'..... rien aux mathématiques. C'est faux.
29. Le ministre fut ....., dès son arrivée, par un grand nombre de personnes.
30. Avez-vous examiné les conséquences que votre décision peut .....
31. Depuis quelque temps, il ne la voyait que rarement; elle devait chercher à l'.....
32. Il a été ..... pour crime.
33. Picasso a ..... de nombreuses fois à Paris et à l'étranger.
34. Il me faudrait un marteau pour ..... ce clou.
35. Quand on est en vacances, le temps s'..... à une vitesse folle.
36. On ..... souvent les jeunes enfants des gens riches pour obtenir de l'argent.
37. Laissez le donc s'..... avant de le condamner!
38. Ils savaient qu'ils étaient ..... à un grave danger.
39. Votre frère ..... que vous veniez le voir tout de suite.
40. Pouvez-vous m'..... ce que l'auteur veut dire?
41. Il est décidé à ..... tous les moyens pour arriver à ses fins.
42. ..... la peinture et laissez sécher deux heures.
43. Le tapis ..... le bruit des pas.
44. Il a ..... la musique et l'histoire de l'art.
45. Son père avait réussi à ..... en lui le goût des études.
46. La rue est tellement étroite que les voitures au bord du trottoir l'..... complètement.
47. Avez-vous ..... le discours du chef de l'Etat hier soir?
48. Il avait vingt ans quand la guerre .....
49. Le soleil ..... la terre.
50. Cette nouvelle a ..... tout le monde.
51. Quand elle était fatiguée de rester assise au bureau, elle ..... les bras et les jambes pour chasser la fatigue.
52. ..... la lumière s'il te plaît, j'aimerais regarder le film à la télévision.
53. Ce serait une manière d'..... son amitié.
54. La tasse m'a ..... des mains et est tombée par terre.

55. .....-moi dès que possible le livre que j'ai oublié.
56. L'homme apporta une lampe pour nous ..... car il faisait sombre.
57. On ..... toujours une voiture avant de l'acheter.
58. C'est un garçon qui a du courage, je l'..... beaucoup.
59. Mme Roux a ..... une très grande joie à revoir sa fille.

IX Trouvez l'adjectif ou l'adverbe qui convient.
(Ils commencent tous par «e».)

1. Il était d'une humeur toujours .....
2. Allez-vous, ..., me dire pourquoi vous vous êtes disputés?
3. Nous avons passé la soirée .....
4. Un tableau était suspendu au mur ..... les deux fenêtres.
5. «Comment allez-vous?» – «Très bien, ... vous?»
6. C'était un homme à principes et à l'esprit .....
7. La partie ..... du château me plaît beaucoup, l'intérieur beaucoup moins.
8. C'est ..... la robe qu'il me faut!
9. Mon grand-père racontait des histoires ....., pleines d'aventures.
10. Je vous assure que je suis tout à fait ..... à cette affaire.
11. On ne peut concevoir Dieu autrement qu'.....
12. Elle aimait ..... tous ses enfants.
13. Je ne peux pas acheter cette voiture; pour moi, c'est une somme .....
14. Ils ont commencé leurs études ....., mais Claude a déjà terminé.
15. Il se réjouissait de pouvoir jouir à partir de 21 ans de son ..... liberté.
16. J'éprouve une très grande joie à passer la soirée ..... amis.
17. Il était ..... 20 h quand il arriva.
18. Allez d'abord tout droit, ... tournez à gauche.

Quand on apprend une langue *étrangère* il ne suffit pas d'apprendre les mots, il faut aussi savoir beaucoup d'*expressions*. Alors, apprenez-les bien!

X Cherchez les mots qui manquent.
(Ils ne commencent pas tous par «e».)

1. A l'école, ils avaient pris l'habitude d'..... des lettres quand le cours n'était pas intéressant.
2. La somme qu'il avait à payer s'..... à 300 francs.
3. Tout le monde ..... parle, mais, personne ne sait exactement ce que c'est.

4. Elle ne pouvait s'..... ..... rire chaque fois qu'elle le voyait.
5. «Il a une bicyclette?» – «Oui, oui, il ..... a même deux!»
6. Françoise n'est ..... encore arrivée.
7. M. et Mme Bourgeois s'..... très bien.
8. Le directeur a ..... un nouvel employé.
9. Lorsqu'on fait du sport il faut s'..... tous les jours.
10. «Nous passerons vous chercher vers 19 h.» – «..... , nous serons prêts pour 19 h.»
11. Je l'ai envoyé ..... du pain pour le repas.
12. Avez-vous ..... de faire un tour en bateau?
13. Le nouveau patron a voulu la ..... à l'épreuve, mais, elle s'est bien tirée d'affaire.
14. Oh, laisse-lui un morceau de gâteau, elle en veut .....
15. A Venise, le sol s'..... de plus en plus chaque année pendant que la mer monte.
16. Prenez place, je vous prie, je suis ..... vous dans deux minutes.
17. Prenez vos livres, nous ..... sommes à la page 3!
18. Les Michard doivent être au courant, vous pourriez vous adresser ....
19. En entendant l'histoire, tout le monde .... rire.
20. Ce manteau me plaît, quel ..... est le prix?
21. Il a essuyé des ..... au jeu.
22. Sacha Guitry était un homme d'.....
23. Je m'..... qu'il ne soit pas encore arrivé.
24. Nancy ..... à l'est de Paris.
25. Sa passion pour Monique semble lui avoir fait perdre l'.....
26. Il venait juste d'engager la ..... avec sa jolie voisine quand son ami arriva et s'assit à sa table.
27. Grâce à sa présence d'esprit, il a pu ..... au danger.
28. Ne ..... pas à l'échelle, tu vas tomber!

Petit *événement* lors des *épreuves écrites* d'un *examen:*

Dans la salle d'*examen* au troisième *étage* d'une *école,* on donne les sujets et les *élèves s'empressent d'étudier* la question. Ils *s'efforcent* de la résoudre, mais ils sont *embarrassés.* Cela ne va pas. Une sorte d'*épais* brouillard se forme dans les *esprits.* Chacun se dit: *«Est-ce que* quelque chose *m'a échappé?* Je ne comprends pas.» On *essaye encore* une fois. Sans résultat! L'*émotion s'empare* de tous. Tout le monde *s'excite!*

Soudain on *entend* du bruit dans l'*escalier* qui mène au troisième *étage.* Quelqu'un *entre* dans la salle et parle aux maîtres.

On *s'excuse* auprès des *élèves en* annonçant qu'on a *examiné* à nouveau le sujet et qu'on y a trouvé une *erreur.*

Voilà ce qu'il fallait répondre:

I: 1b, 2c, 3a, 4c
II: 1b, 2b, 3b, 4c, 5b, 6b, 7c, 8a, 9c
III: 1a, 2c, 3b, 4b
IV: 1 juste, 2 juste, 3 juste, 4 faux, 5 juste, 6 juste, 7 juste, 8 juste, 9 juste, 10 juste
V: 1j, 2d, 3i, 4e, 5l, 6a, 7b, 8k, 9h, 10f, 11g, 12m
VI: 1 en, 2 de, 3 par, 4 dans, 5 à, 6 en, 7 par, 8 de, 9 en, 10 à, 11 en, 12 au, 13 à, 14 par, 15 de, 16 à, 17 de, 18 de, 19 à, 20 de, 21 à, 22 de, 23 de, 24 à, 25 de, 26 à, 27 de, 28 de, 29 de
VII: 1 effet, 2 endroit, 3 enveloppe, 4 entrée, 5 espèces, 6 étrangers, 7 esprit, 8 événements, 9 examen, 10 expérience, 11 existence, 12 exemples, 13 échelle, 14 éclair, 15 éducation, 16 éclat, 17 émotion, 18 énergie, 19 égards, 20 espoir, 21 essence, 22 état, 23 étranger, 24 espèce, 25 état, 26 éléments, 27 égard, 28 éclats, 29 effet, 30 éducation, 31 l'existence, 32 expériences, 33 ennemi, 34 entrée, 35 envie, 36 époque, 37 espace, 38 épreuves, 39 espace, 40 église
VIII: 1 éclata, 2 élever, 3 écrasait, 4 emmené, 5 enchanté, 6 embarrasse, 7 effacez, 8 employons, 9 emporté, 10 enchanté, 11 endort, 12 enfonça, 13 enlève, 14 enferment, 15 entendu, 16 essuyer, 17 estime, 18 établir, 19 étudié, 20 éveilla, 21 enveloppe, 22 essayer, 23 écraser, 24 élevé, 25 embrassent, 26 exerce, 27 excuse, 28 entendent, 29 entouré, 30 entraîner, 31 éviter, 32 exécuté, 33 exposé, 34 enfoncer, 35 enfuit, 36 enlève, 37 expliquer, 38 exposés, 39 exige, 40 expliquer, 41 employer, 42 étendez, 43 étouffe, 44 étudié, 45 éveiller, 46 embarrassent, 47 écouté, 48 éclata, 49 éclaire, 50 étonné, 51 étendait, 52 éteins, 53 éprouver, 54 échappé, 55 envoie (-yez), 56 éclairer, 57 essaye, 58 estime, 59 éprouvé
IX: 1 égale, 2 enfin, 3 ensemble, 4 entre, 5 et, 6 étroit, 7 extérieure, 8 exactement, 9 extraordinaires, 10 étranger, 11 éternel, 12 également, 13 énorme, 14 ensemble, 15 entière, 16 entre, 17 environ, 18 ensuite
X: 1 échanger (écrire), 2 élevait, 3 en, 4 empêcher de, 5 en, 6 pas, 7 entendent, 8 engagé, 9 entraîner, 10 entendu, 11 chercher, 12 envie, 13 mettre, 14 encore, 15 enfonce, 16 à, 17 en, 18 à eux, 19 éclata de, 20 en, 21 pertes, 22 esprit, 23 étonne, 24 est, 25 esprit, 26 conversation, 27 échapper, 28 monte

Combien de fautes avez-vous faites?

	I à VI	VII à IX	X
très bien	0– 6	0–10	0– 3 fautes
bien	7–13	11–22	4– 6 fautes
satisfaisant	14–20	23–35	7– 9 fautes
douteux	21–34	36–58	10–14 fautes
A revoir!	plus de 34	plus de 58	plus de 14 fautes

F comme Facile!

Vous *êtes en forme?* C'est un *facteur* important qui vous permettra de réussir! Il vous *sera* ainsi plus *facile de faire* les exercices, même si vous pensez que vous n'êtes pas très *fort* en *français.*

I Quel est le contraire?

1. un exercice *facile*
   a) léger
   b) compliqué
   c) difficile

2. C'est un *faux* Picasso.
   a) véritable
   b) juste
   c) bon

3. à la *fin* du film
   a) au cours du film
   b) au début du film
   c) avant le film

4. Apportez-moi une bière *fraîche,* celle-ci
   a) est trop vieille.
   b) est trop chaude.
   c) n'est pas bonne.

5. Il aime bien quand il fait *froid,* moi, quand il fait
   a) soleil.
   b) beau.
   c) chaud.

II Qu'est-ce qui veut dire la même chose?

1. Il a une *façon* de s'habiller qui me plait.
   a) une habitude
   b) une manière
   c) un goût

2. C'est un *fait* de peu d'importance.
   a) une action
   b) un événement
   c) un objet

3. La *fortune* lui a été favorable.
   a) le hasard
   b) la richesse
   c) la frontière

4. Il a *fixé* un petit drapeau à sa bicyclette.
   a) attaché
   b) enlevé
   c) mis

5. Il était *furieux* contre son père.
   a) faible
   b) en colère
   c) opposé

4 – 52352/1

6. Le voyage nous a causé bien des *frais*.
   a) soucis
   b) fatigues
   c) dépenses

7. Sa situation est le *fruit* de son travail.
   a) la cause
   b) le prix
   c) le résultat

8. On l'a *frappé* en plein visage.
   a) battu
   b) cassé
   c) tiré

III Quelle est la suite qui convient?

1. Les arbres sont en fleur
   a) et non pas en sucre.
   b) parce que c'est le printemps.
   c) et non pas en bois.

2. Il ne nous faut rien, c'est-à-dire que
   a) nous ne voulons rien.
   b) nous n'avons besoin de rien.
   c) nous ne devons rien.

3. Il est digne de foi, c'est-à-dire
   a) qu'on peut lui faire confiance.
   b) qu'il peut devenir prêtre.
   c) qu'il va à l'église.

4. Elle a un faible pour la musique.
   a) Elle est faible en musique.
   b) Elle ne joue pas très bien.
   c) Elle aime beaucoup la musique.

IV Est-ce que c'est

		faux?	juste?
1.	Un fil, c'est une grosse ficelle.	○	○
2.	La femme de ménage fait le ménage.	○	○
3.	Pour la couture rien ne vaut le fil de fer!	○	○
4.	L'homme prend une femme pour fonder un foyer.	○	○
5.	La neige fraîche est plus froide que l'autre.	○	○
6.	Quelqu'un qui est fier a de l'orgueil.	○	○
7.	Le mois de février n'a que 28 ou 29 jours.	○	○
8.	Le foin, c'est de l'herbe sèche.	○	○
9.	Un fou est quelqu'un qui a perdu la raison.	○	○
10.	Le nez se trouve au milieu de la figure.	○	○
11.	Une jeune fille a été petite fille et est aussi petite-fille.	○	○

Vos résultats sont *fameux*. Avouez que vous êtes, *au fond*, *fier* de votre travail. En en constatant les *fruits* vous reprenez des *forces*. Mais il ne s'agit pas de travailler comme un *fou*, il suffit de s'appliquer de *façon* régulière.

V Quels sont les mots qui vont ensemble?

1. le frère
2. le fond
3. le foyer
4. la fatigue
5. le facteur
6. les fruits
7. la farine
8. la ferme
9. la fille
10. la feuille
11. la fièvre
12. le filet
13. le fourneau
14. la fourchette

a) le travail, b) le pain, c) le garçon, d) la plante, e) la sœur, f) la maladie, g) le feu, h) le couteau, i) le paysan, j) les lettres, k) le pêcheur, l) le jardin, m) la forme, n) le théâtre

VI Quelle est la préposition qui convient?

à, de, en, par

1. ..... face de
2. faute .....
3. une fois ..... an
4. fidèle .....
5. fort ..... histoire
6. le filet ..... provisions
7. ..... la fois
8. ..... force de travail
9. digne ..... foi
10. ..... français
11. ..... la frontière
12. fier .....
13. ..... cette façon
14. être ..... forme

Voici un exercice un peu différent de celui dont vous avez l'habitude. Ne croyez pas que ce soit une *faveur: Faute de* verbes avec prépositions, je vous ai préparé ce petit exercice *facile.*

Essayez de trouver l'expression juste:

15. le feu
16. faim
17. le français
18. une distance
19. la frontière
20. les fruits
21. du linge frais
22. la fuite

a) passer, b) il a, c) prendre, d) allumer, e) aimer, f) comprendre, g) franchir, h) mettre

VII Trouvez le substantif qui convient.
(Ils commencent tous par «f».)

1. Des millions d'hommes meurent encore de .....
2. Les Beatles sont toujours en ..... auprès des jeunes.
3. Les outils des premiers hommes étaient en pierre, puis, on les fit en .....
4. A la mairie on m'a donné deux ..... à remplir.
5. Le professeur dessina une ..... au tableau.
6. A force de raconter, il avait perdu le ..... de son histoire.
7. L'eau de la rivière est si claire qu'on en voit le .....

8. C'est une ..... de courir de tels dangers pour une raison aussi ridicule.
9. Ce n'est pas de cette façon que tu arriveras à tes .....
10. J'aime me promener dans la ..... en été car il y fait frais.
11. L'ennemi fut obligé de céder à la .....
12. On dit souvent que les gens qui ont un grand ..... sont intelligents.
13. Cet homme est très riche, il a une ..... énorme.
14. Prenez bien soin de ces plantes, elles craignent le .....
15. Yves ne fume pas en présence de sa mère car la ..... la gêne.
16. Les enfants ont cueilli de très jolies ..... dans la prairie.
17. Le ..... du tableau était bleu.
18. On dit qu'il ne sait plus ce qu'il fait, que la ..... s'est emparée de lui.
19. Il croit au progrès et a une très grande ..... en les hommes.
20. Mme Legrand et sa ..... Jacqueline partent en vacances demain.
21. La dernière ..... que je l'ai vu, c'était en février.
22. Elle acheta un beau morceau de bœuf, c'était du .....
23. Il habite tout seul à Paris, sa femme est restée en province avec le reste de la .....
24. Il a commis une grosse ....., mais a pu sauver à temps la situation.
25. Mais voyons, c'est un ..... qu'il vous faut reconnaître.
26. Il a des ..... qui ne me plaisent pas.
27. Le ..... s'était déclaré dans le grenier à foin et une épaisse fumée s'en dégageait.
28. Sur la place, la foule semblait agitée par une ..... grandissante.
29. Mon père m'a offert une jolie robe pour ma .....
30. Je vous en prie, ne faites pas de .....
31. Je veux crier mon opinion à la ..... du monde!
32. Pendant la guerre, il avait combattu sur le .....
33. Autrefois, il y avait souvent un ..... à la cour du roi.
34. Mon frère vient de se marier, sa ..... est très gentille.
35. Je ne peux plus rouler de nuit, les ..... de ma voiture ne marchent plus.
36. La France produit beaucoup de ..... car elle a beaucoup de lait.

VIII Cherchez le verbe qui convient.
(Ils commencent tous par «f».)

1. Pourquoi n'as-tu pas ..... venir le médecin?
2. Veux-tu ..... la fenêtre s'il plaît?
3. Il ..... deux jours pour y aller.

4. J'aimerais ..... d'écrire ma lettre avant de sortir.
5. Ce qui ..... tout d'abord chez lui, c'est son extraordinaire intelligence.
6. Les premiers hommes ..... deux pierres l'une contre l'autre pour faire du feu.
7. Il ..... longtemps le bateau jusqu'à ce qu'il ait disparu à l'horizon.
8. Vous ..... du sport?
9. Il ..... ses soupçons sur l'air embarrassé de sa femme.
10. On est souvent obligé de ..... un mot nouveau pour désigner une matière nouvelle.
11. Il a été ..... par un maître de grande valeur.
12. Voilà le boulanger qui ..... le pain à notre école.
13. On se sert souvent du feu pour ..... un métal.
14. Faites ....., pour commencer, un peu de sucre dans de l'eau ...
15. Aujourd'hui, il ..... un temps magnifique.
16. Au printemps, la glace ..... sous les rayons du soleil.
17. Ils partent chaque samedi à la campagne pour ..... le bruit et la poussière de la ville.
18. En été, le sol ..... souvent après un petit orage.
19. Elle ..... le plancher de ses chambres toutes les semaines.
20. Le cheval arriva à toute vitesse et ..... la rivière.
21. Entrez sans ..... !
22. Il ..... travailler quand on veut arriver à quelque chose.
23. Pouvez-vous me ..... les meubles que je vous ai commandés avant la fin du mois?
24. Le dimanche les magasins sont .....
25. La prochaine rencontre est ..... au premier dimanche de février.
26. Albert Schweitzer ..... l'hôpital de Lambaréné.
27. Grâce à l'avion on peut ..... les montagnes les plus hautes en quelques minutes.

IX Trouvez l'adjectif ou l'adverbe qui convient.
(Ils commencent tous par «f».)

1. Ses résultats sont assez ..... quoiqu'il travaille beaucoup.
2. C'est un vin ..... Il est connu dans toute la France!
3. On dit que le chien est un animal très .....
4. On apprit plus tard que la nouvelle était .....
5. Il cria d'une voix ..... pour se faire entendre.
6. Aimez-vous les films ..... ?
7. Repose-toi un peu, ensuite tu seras plus ..... pour reprendre la route.
8. Il roulait à une vitesse ..... en direction de la mer.
9. J'ai choisi mon manteau de couleur .....

10. Elle ne voulait porter que des bas très .....
11. Avec l'âge elle était devenue assez .....
12. Depuis quelque temps, son mari rentrait du bureau très .....
13. C'était une occasion tout à fait .....
14. Il faut être ..... à la parole donnée.
15. Les projets les plus ..... lui venaient à l'esprit.

Il ne *vous faut fournir* qu'un tout petit effort pour avoir *fini*. Ensuite, vous pourrez *fumer* une pipe dans votre *fauteuil*, ou boire une bonne bière bien *fraîche* en vous reposant de vos *fatigues*.

X Trouvez les mots qui manquent.
(Il faut faire attention! ils ne commencent pas tous par «f».)

1. Vous pouvez être fier ..... votre action.
2. Comment se .....-il que vous n'écriviez plus?
3. Alain est encore en retard, il a l'habitude de ..... faire .....
4. La rue où il habite est facile ..... trouver.
5. Il faut que tu ..... la vérité.
6. Ne répondez qu'à une question ....
7. Ils s'étaient vus ..... la dernière fois juste avant qu'il parte pour le front.
8. ..... fond, je peux bien vous accompagner, j'ai fini mon travail.
9. Il avait une raison bien ..... de lui reprocher son action.
10. La grand-mère était un peu sourde et il fallait parler très ..... pour se faire entendre d'elle.
11. Quand j'étais jeune, j'ai ..... aidé à rentrer le foin.
12. Philippe a gagné une forte ..... d'argent en travaillant pendant les vacances.
13. Au ....., vous ai-je raconté ce qui nous est arrivé?
14. Manquant d'argent il a fini ..... abandonner son projet.
15. Bien sûr, ce qui est arrivé n'est pas agréable, mais ce n'est pas votre .....
16. Il était .... médecin des âmes et médecin des corps.
17. Les ..... que j'ai de Jean ne sont pas très ..... Il ne m'a pas écrit depuis deux mois.
18. Quand je suis malade, j'..... toujours froid.
19. Il m'a été facile ..... apprendre son numéro de téléphone.
20. Michel habite sur la place, ... l'église.
21. En hiver, à 18 h il ..... déjà nuit.
22. Il ..... fait ..... s'amuser au lieu de travailler.
23. Il faut que nous rentrions car il .... tard.

Voilà ce qu'il fallait répondre:

I: 1c, 2a, 3b, 4b, 5c
II: 1b, 2b, 3a, 4a, 5b, 6c, 7c, 8a
III: 1b, 2b, 3a, 4c
IV: 1 faux, 2 juste, 3 faux, 4 juste, 5 faux, 6 juste, 7 juste, 8 juste, 9 juste, 10 juste, 11 juste
V: 1e, 2m, 3n, 4a, 5j, 6l, 7b, 8i, 9c, 10d, 11f, 12k, 13g, 14h
VI: 1 en, 2 de, 3 par, 4 à, 5 en, 6 à, 7 à, 8 à, 9 de, 10 en, 11 à, 12 de, 13 de, 14 en, 15d, 16 b, 17f, 18g, 19a, 20e, 21h, 22c
VII: 1 faim, 2 faveur, 3 fer, 4 feuilles, 5 figure, 6 fil, 7 fond, 8 folie, 9 fins, 10 forêt, 11 force, 12 front, 13 fortune, 14 froid, 15 fumée, 16 fleurs, 17 fond, 18 folie, 19 foi, 20 fille, 21 fois, 22 filet, 23 famille, 24 faute, 25 fait, 26 façons, 27 feu, 28 fièvre, 29 fête, 30 façons, 31 face, 32 front, 33 fou, 34 femme, 35 feux, 36 fromage
VIII: 1 fait, 2 fermer, 3 faut, 4 finir, 5 frappe, 6 frottaient, 7 fixa, 8 faites, 9 fonde, 10 forger (former), 11 formé, 12 fournit, 13 forger, 14 fondre, 15 fait, 16 fond, 17 fuir, 18 fume, 19 frotte, 20 franchit, 21 frapper, 22 faut, 23 fournir, 24 fermés, 25 fixée, 26 fonda, 27 franchir
IX: 1 faibles, 2 fameux, 3 fidèle, 4 fausse, 5 forte, 6 français, 7 frais, 8 folle, 9 foncée, 10 fins, 11 forte, 12 fatigué, 13 favorable, 14 fidèle, 15 fous
X: 1 de, 2 fait, 3 se ... attendre, 4 à, 5 dises, 6 à la fois, 7 pour, 8 au, 9 fondée, 10 fort, 11 quelquefois, 12 somme, 13 fait, 14 par, 15 faute, 16 à la fois, 17 nouvelles ... fraîches, 18 ai, 19 d', 20 en face, 21 fait, 22 ne ... que, 23 se fait

Combien de fautes avez-vous faites?

	I à VI	VII à IX	X
très bien	0– 6	0– 7	0– 2 fautes
bien	7–12	8–16	3– 5 fautes
satisfaisant	13–19	17–24	6– 8 fautes
douteux	20–32	25–39	8–12 fautes
A revoir!	plus de 32	plus de 39	plus de 12 fautes

G et H comme Garde-toi du Hasard!

Avez-vous du *goût* pour ce *genre* d'exercices? Ou est-ce que vous ne travaillez que *de mauvaise grâce?* Il est *hors de doute* que tout est plus facile quand on est de *bonne humeur.* En tout cas, sachez qu'il vous suffit de fournir un effort *honnête.*

I Quel est le contraire?

1. Il a *gagné!*
   a) joué
   b) trouvé
   c) perdu

2. Il est toujours *gai* et par conséquent jamais
   a) maigre.
   b) triste.
   c) sérieux.

3. Michel est déjà très *grand,* son frère est encore
   a) court.
   b) jeune.
   c) petit.

II Qu'est-ce qui veut dire la même chose?

1. *Gardez-vous* de commettre une faute aussi grave!
   a) évitez de
   b) appliquez-vous à
   c) essayez de

2. Continuez à chanter, cela ne me *gêne* pas.
   a) trouble
   b) dérange
   c) embarrasse

3. Le bateau a *gagné* le port.
   a) quitté
   b) retrouvé
   c) atteint

4. *Prenez garde:* Chien méchant!
   a) attention!
   b) regardez bien
   c) évitez

5. Il a *été gêné de* répondre à ta question.
   a) été empressé de
   b) eu de la peine à
   c) été embarrassé de

III Quelle est la suite qui convient?

1. Gardez votre manteau car
   a) on peut le voler.
   b) la pièce n'est pas chauffée.
   c) je n'en veux pas.

2. Il est hors de lui parce qu'il
   a) n'est pas chez lui.
   b) est très en colère.
   c) est loin de chez lui.
3. Elle parle haut parce qu'elle
   a) est grande.
   b) a une voix forte.
   c) est au deuxième étage.
4. Il est souvent à l'heure, mais quelquefois
   a) il oublie sa montre.
   b) il arrive en retard.
   c) il ne sait pas l'heure.

IV Est-ce que c'est

	faux?	juste?
1. Les gens gras ont beaucoup de grâce.	○	○
2. Les grand-mères mesurent plus de deux mètres.	○	○
3. Le grenier se trouve en général sous le toit.	○	○
4. Une personne fière parle souvent avec hauteur.	○	○
5. Le genre humain, c'est l'ensemble des hommes.	○	○
6. Un malade doit souvent garder le lit.	○	○
7. La guerre est pour un général l'occasion d'obtenir la gloire.	○	○

V Quels sont les mots qui vont ensemble?

1. le garçon
2. la gare
3. l'hôtel
4. le genou
5. l'habitant
6. l'habit
7. la goutte
8. l'hôpital

a) le café, b) l'opération, c) la chambre, d) l'eau, e) les trains, f) la jambe, g) la ville, h) la soirée

VI Trouvez l'expression juste!

1. sa vie
2. les moutons
3. le gouvernement
4. la guerre
5. un geste
6. horreur

a) avoir, b) faire, c) gagner, d) former, e) faire, f) garder

VII Trouvez le substantif qui convient.
(Ils commencent tous par «g» ou «h».)

1. Les femmes sont souvent d'..... très changeante.
2. Nos voisins ont deux enfants, une fille et un .....
3. Ce n'est pas le ..... de son frère, il est aimable et gentil.
4. On dit que les ..... heureux n'ont pas d'histoire.
5. «Acceptez-vous un verre de vin?» – «Oh, une ..... seulement.»
6. Il avait des ..... vifs et précis et travaillait très vite.

7. Tout le monde n'aime pas le ..... du fromage de chèvre.
8. Ils ne pouvaient pas s'enfuir car la ..... de nuit se tenait juste à l'entrée de la porte.
9. «Veux-tu un morceau de ..... avec ton café?» – «Non merci, je n'ai plus faim.»
10. Les deux familles étaient en ..... depuis des années pour une histoire de jardin.
11. Elle se hâta de jeter quelques ..... dans sa valise et partit.
12. A chaque début d'année, elle se disait qu'à partir de maintenant elle prendrait de bonnes .....
13. Faites confiance au ....., vous gagnerez peut-être!
14. Les ..... qui entouraient la ville étaient couvertes de forêts.
15. Ma mère utilise beaucoup de fines ..... pour faire la cuisine.
16. Est-ce qu'il a dit l'..... à laquelle il arriverait?
17. L'..... dernier, il n'y avait guère de neige.
18. Mon grand-père nous racontait toutes sortes d'..... le soir au coin du feu.
19. L'..... est en général plus grand que la femme.
20. Qu'est-ce qui me vaut l'..... de votre visite?
21. On voyait le soleil se coucher à l'.....
22. Pierre, veux-tu aller me chercher de l'....., je n'en ai plus pour faire la salade.
23. Un patron devrait traiter ses ouvriers avec .....
24. Il commence à pleuvoir, j'ai déjà reçu une ..... sur le nez!
25. En arrivant au coin de la rue, je distinguai un petit ..... de personnes qui discutaient.
26. Cette viande est trop grasse pour moi, je ne supporte pas la .....
27. Pensez-vous que les ..... soient bons?
28. L'..... nous apprend à réfléchir sur les guerres.
29. Les soldats ont souvent un sentiment très vif de l'.....
30. C'était un homme plein d'habitudes à l'..... très étroit.
31. On n'a pas jugé bon d'accorder la ..... au condamné.
32. Le ..... a voulu que nous nous rencontrions à nouveau après des années.
33. Ils se sont mariés par amour et continuent à vivre ensemble par .....
34. Il n'a pas pu oublier les ..... de la guerre.
35. L'..... entière a été interessée par cette expérience extraordinaire.
36. En montagne, il y a souvent des ..... très étroites.
37. En France, c'est le premier ministre qui est chargé de former le .....
38. Les parents ont confié la maison à la ..... de leurs enfants.

39. Quel ..... de musique préférez-vous?
40. L'avion se trouvait, alors, à une ..... de deux cent mètres au dessus du sol.
41. En été, il fait bon se promener dans les champs et s'asseoir sur l'.....
42. Dans chaque hôpital, il y a des ..... qui s'occupent des malades, la nuit.

Vous avez fait très attention et pourtant *il s'est glissé* quelques fautes. Si elles ne sont pas trop *graves,* n'y *prenez* pas *garde.* C'est *humain.* Mais *gardez-vous,* quand même, *d'*un travail trop facile.

VIII Trouvez le verbe qui convient.
(Ils commencent tous par «g» ou «h».)

1. ......-vous, le train part dans cinq minutes!
2. Combien .....-vous par mois?
3. Si j'étais à votre place, je n'..... pas une minute de plus.
4. Veux-tu tenir le sac, il me ..... pour ouvrir la porte.
5. Pendant les vacances, il allait souvent ..... les moutons de son grand-père.
6. Allez le voir, c'est un médecin extraordinaire, il vous ..... très vite.
7. Autrefois, on disait aux petits enfants qu'ils ne ..... pas s'ils ne mangeaient pas leur soupe.
8. Les Millet ..... maintenant à Paris dans une maison neuve.
9. Il se ..... parmi les gens pour voir ce qui se passait.
10. Mme Loiseau ..... son bébé tous les matins avant d'aller en ville.
11. «Tu t'es fait mal?» – «Oh! rien de grave; j'ai ..... la petite table du genou.»
12. Le vieux monsieur a ..... sur le sol mouillé et est tombé.
13. J'ai ..... une voiture ce matin: L'aile est enfoncée.

IX Cherchez l'adjectif ou l'adverbe qui convient.
(Ils commencent tous par «g» ou «h».)

1. Pouvez-vous écrire de la main ..... ?
2. Il a une très ..... influence sur ses élèves.
3. Vous pouvez avoir confiance en lui, c'est un homme .....
4. Entendu, je vous appelerai dans ..... jours.
5. Bonjour, Madame Lepin! C'est ..... à vous de venir me voir.
6. J'accepte. Ce que vous nous proposez là est tout à fait .....

7. Quand il entra, je vis tout de suite à son air ..... qu'il se passait quelque chose.
8. Cette ville est ....., sale et sans charme.
9. «Gisèle, apporte-moi ma robe, si elle est sèche!» – «Elle est encore .....!»
10. Il arriva, ..., à l'empêcher de commettre une grave erreur.
11. Adressez-vous à lui, je suis sûr qu'il vous comprendra, il est très .....
12. Pourquoi n'êtes-vous pas venue au bureau .....? Vous étiez malade?
13. Mistigri était un ..... chat gris.
14. L'arbre qui est devant la maison de mon grand-père est ..... de 20 m.
15. Elle nous a écrit qu'elle était mariée depuis un an et qu'elle était très .....
16. A l'annonce de la nouvelle, l'enthousiasme fut .....
17. Oh! que le temps est ..... aujourd'hui; il va sûrement pleuvoir.
18. Les vieilles gens sont en général très ..... avec les enfants.

X Trouvez les mots qui manquent.
(Ils ne commencent pas tous par «g» ou «h».)

1. Mon fils ne pourra pas assister aux cours cette semaine, car il a .... gorge.
2. ..... que vous ne rouliez pas vite, sinon vous l'écrasiez!
3. Il avait choisi un métier qui lui permettait de bien gagner sa .....
4. Prenez garde ..... conditions qu'on vous demandera d'accepter.
5. Elle a une voix très ..... pour une femme.
6. D'....., nous déjeunons vers 12 h 30.
7. Il choisit ..... hasard l'une des nombreuses cartes qu'on lui présentait.
8. Il fit un geste ..... la main qui traduisait sa colère.
9. «Avez-vous gagné?» – «..... non, je n'ai pas eu de chance!»
10. Il est ..... de doute qu'il fera partie du gouvernement.
11. Nous pensons partir ..... bonne heure, pendant que les routes sont encore libres.
12. La petite ville avait décoré la grande rue ..... l'honneur du chef d'Etat.
13. J'ai fait cela ..... huit jours et il m'en reste encore la moitié à faire.
14. Vous n'avez pas vu qu'il fallait tourner ..... gauche?
15. Le malade est à présent ..... de danger.
16. Il n'y a ..... de monde dans les rues après minuit.

17. Il n'accepta que ..... mauvaise grâce de rendre ce service.
18. Elle était très fière d'appartenir à la ..... société.
19. Voulez-vous passer me voir ..... huit jours?
20. Ce livre a beaucoup de valeur, gardez-le .....
21. L'église se trouve à gauche ..... la mairie.
22. «Merci beaucoup, c'est magnifique.» – «Oh, je vous en prie, ce ..... est ..... grand-chose.»
23. Toute sa vie, il a ..... la guerre au mensonge.
24. Il ..... l'habitude ..... acheter son journal tous les matins.
25. Grâce ..... l'aide que vous nous avez apportée, nous avons pu terminer à la date prévue.
26. «Du nouveau?» – «Non, pas grand-.....»
27. Prenez garde ..... ne pas tomber!
28. ...., on ne travaille pas le samedi.
29. De quel genre ..... ce mot?
30. Les ..... gens ont souvent des difficultés à marcher.
31. Il a toujours eu horreur ..... mensonge.
32. Il est bon de se laver les cheveux une fois tous les ....
33. Auriez-vous vu mon chien ..... hasard?
34. Je l'ai vu passer ..... à l'heure, il ne doit pas être loin.
35. Quand avez-vous envoyé la lettre, hier ou .....–..... ?

On peut s'y regarder.
On peut aussi la manger
ou même la baisser
ou encore glisser dessus.
Qu'est-ce que c'est?

Voilà ce qu'il fallait répondre:

I: 1c, 2b, 3c
II: 1a, 2b, 3c, 4a, 5c
III: 1b, 2b, 3b, 4b
IV: 1 faux, 2 faux, 3 juste, 4 juste, 5 juste, 6 juste, 7 juste
V: 1a, 2e, 3c, 4f, 5g, 6h, 7d, 8b
VI: 1c, 2f, 3d, 4b (e), 5e (b), 6a
VII: 1 humeur, 2 garçon, 3 genre, 4 gens, 5 goutte, 6 gestes, 7 goût, 8 garde, 9 gâteau, 10 guerre, 11 habits, 12 habitudes, 13 hasard, 14 hauteurs, 15 herbes, 16 heure, 17 hiver, 18 histoires, 19 homme, 20 honneur, 21 horizon, 22 huile, 23 humanité, 24 goutte, 25 groupe, 26 graisse, 27 hommes, 28 histoire, 29 horreur, 30 horizon, 31 grâce, 32 hasard, 33 habitude, 34 horreurs, 35 humanité, 36 gorges, 37 gouvernement, 38 garde, 39 genre, 40 hauteur, 41 herbe, 42 gardes

VIII: 1 hâtez, 2 gagnez, 3 hésiterais, 4 gêne, 5 garder, 6 guérira, 7 grandiraient, 8 habitent, 9 glissa, 10 habille, 11 heurté, 12 glissé, 13 heurté

IX: 1 gauche, 2 grande, 3 honnête, 4 huit, 5 gentil, 6 honnête, 7 grave, 8 grise, 9 humide, 10 heureusement, 11 humain, 12 hier, 13 gros, 14 haut, 15 heureuse, 16 général (grand), 17 gris, 18 gentilles

X: 1 mal à la, 2 heureusement, 3 vie, 4 aux, 5 grave, 6 habitude, 7 au, 8 de, 9 hélas, 10 hors, 11 de, 12 en, 13 en, 14 à, 15 hors, 16 guère, 17 de, 18 haute, 19 dans, 20 précieusement, 21 de, 22 n' ... pas, 23 fait, 24 a ... d', 25 à, 26 chose, 27 de, 28 en général, 29 est, 30 vieilles, 31 du, 32 huit jours, 33 par, 34 tout, 35 avant-hier

devinette = la glace

Combien de fautes avez-vous faites?

	I à VI	VII à IX	X
très bien	0– 3	0– 7	0– 3 fautes
bien	4– 6	8–14	4– 6 fautes
satisfaisant	7– 9	15–22	7– 9 fautes
douteux	10–16	23–35	10–17 fautes
A revoir!	plus de 16	plus de 35	plus de 17 fautes

Comparez encore une fois vos résultats:

Lettre E	I–VI	VII–IX	X .....
Lettre F	I–VI	VII–IX	X .....
Lettres G et H	I–VI	VII–IX	X .....

Si vos résultats dans les exercices I–VI sont bons, c'est que vous avez une bonne compréhension de la langue.

Mais les exercices VII à IX sont encore plus importants. Si vos résultats dans ces exercices ne sont pas bons, c'est que vous ne connaissez pas assez de vocabulaire. Et si vous ne l'apprenez pas, comment voulez-vous parler la langue?

L'exercice X vous permet de vous rendre compte si vous possédez la grammaire. Vous ne devez vous estimer satisfait que si vous avez de bons résultats.

I et J comme Imagination et Jeu

Je *vous invite à* bien apprendre votre vocabulaire! C'est dans votre *intérêt* que je *juge bon* d'*insister sur* ce point. Il est *inutile* d'apprendre *toute la journée,* mais vous devez, tous les *jours, jeter un coup d'œil* sur votre livre. Vous *jurez de* le faire?

I Quel est le contraire?

1. J'*ignore* son nom.
   a) Je l'appelle.
   b) Je sais son nom.
   c) Je connais beaucoup de mots.
2. Il n'est *jamais* content.
   a) Il est enfin content.
   b) Il est souvent content.
   c) Il est toujours content.
3. Mon père m'*interdit d'*aller au cinéma.
   a) me permet d'aller au cinéma
   b) m'empêche d'aller au cinéma
   c) m'emmène au cinéma
4. Il semble *inquiet.*
   a) effrayé
   b) tranquille
   c) occupé
5. C'est un garçon *intelligent.*
   a) travailleur
   b) délicat
   c) bête
6. Elle chante *juste.*
   a) mal
   b) faux
   c) bien
7. Ses parents sont très *jeunes.*
   a) vieux
   b) jolis
   c) joyeux
8. Le contraire de *la joie* est
   a) le malheur.
   b) la tristesse.
   c) la fatigue.
9. Le *jour* a pour contraire
   a) la lumière.
   b) le matin.
   c) la nuit.

Si vous avez mal répondu, ne *vous inquiétez* pas. *Il importe* avant tout *d'*être *joyeux* et d'apprendre à *jouer* avec les mots. Cependant *imposez-vous* un certain nombre de pages tous les *jours*! Ensuite, faites-vous *interroger* par un camarade. Relisez une fois le tout, si vous le *jugez nécessaire,* puis *installez-vous* dans un bon fauteuil et lisez votre *journal.*

II Qu'est-ce qui veut dire la même chose?

1. Elle vit *en bonne intelligence* avec sa mère, c.-à-d. qu'elle
   a) est plus intelligente qu'elle.
   b) est aussi intelligente qu'elle.
   c) s'entend bien avec elle.

2. *jeter un coup d'œil*
   a) se faire mal à l'œil
   b) regarder
   c) regarder d'un air méchant

3. un pays *immense*
   a) un lointain pays
   b) un pays riche
   c) un très grand pays

4. Il *jure* l'avoir fait.
   a) il raconte
   b) il assure
   c) il pense

5. Il *insiste* sur ce point.
   a) il résiste
   b) il met l'accent
   c) il réfléchit

6. *Jadis,* on allait toujours à cheval.
   a) autrement
   b) en même temps
   c) autrefois

7. Téléphone-lui *immédiatement!*
   a) tout de suite
   b) dans un instant
   c) brusquement

8. *Un instant* s.v.p.!
   a) aussitôt
   b) une minute
   c) immédiatement

Déjà fini? Vous avez une *intelligence* vive et un *instinct* sûr.

III Quelle est la suite qui convient?

1. Il m'a fait bonne impression parce
   a) qu'il n'a pas fait de fautes.
   b) que je ne sais pas écrire.
   c) qu'il est intelligent.

2. Je ne sais pas au juste, c'est-à-dire que
   a) je ne sais pas exactement.
   b) je sais que c'est faux.
   c) j'ignore si c'est juste.

3. Il m'a causé une grande joie en m'invitant parce que
   a) je parle beaucoup.
   b) je ne veux pas y aller.
   c) je suis souvent seule.

4. Je suis inquiète de son silence parce qu'
   a) il est muet.
   b) il ne veut plus crier.
   c) il n'a pas écrit.
5. Il a l'intention d'aller à l'étranger parce qu'il
   a) veut connaître d'autres pays.
   b) a de l'imagination.
   c) a de l'instruction.
6. Il joue une pièce de théâtre car
   a) sa chambre est trop petite.
   b) il n'a plus de monnaie.
   c) il veut amuser les gens.

IV Est-ce que c'est

	faux?	juste?
1. Les ingénieurs ont de l'instruction.	○	○
2. Les jardins sont jolis en juin et en juillet.	○	○
3. Un petit accident est un incident.	○	○
4. La mouche est un insecte.	○	○
5. Il est interdit de fumer dans les cinémas.	○	○
6. L'infirmière s'occupe des malades.	○	○
7. La journée de huit heures est une journée d'hiver.	○	○
8. Il faut de l'imagination pour écrire des poésies.	○	○
9. Faire mauvaise impression, c'est faire une faute d'impression.	○	○

V Quels sont les mots qui vont ensemble?

1. le jouet
2. la jambe
3. le jeu
4. le juge
5. l'impression

a) les cartes, b) l'enfant, c) le tribunal, d) le pantalon, e) le livre

VI Quelle préposition est la bonne?

à, de, sur

1. il est impossible .....
2. joindre qc ..... qc
3. avoir l'intention .....
4. inviter .....
5. se joindre .....
6. s'inspirer .....
7. insister .....
8. Il jure ..... le faire.

à, de, en

9. jusqu' ..... France
10. incapable .....
11. ..... l'instant
12. indiquer le chemin .....
13. jusqu' ..... Paris
14. ..... jamais
15. jusqu' 1960
16. la journée ..... huit heures

5 – 52352/1

VII Trouvez le substantif qui convient.
(Ils commencent tous par «i» ou «j».)

1. «Tu sais où est mon livre?» – «Ah non, je n'en n'ai pas la moindre .....»
2. Les enfants aiment regarder les livres où il a y des .....
3. Il est tombé en faisant du sport et s'est cassé la .....
4. Les vieux s'étaient retirés pour laisser la place à la ..... qui voulait danser.
5. Il montre un ..... très vif pour tout ce qui touche à la musique.
6. Chantal écrit tous les faits de la journée dans son .....
7. Hier, il a plu toute la .....
8. Ce garçon a des ..... très intéressantes.
9. On dit que l'homme est créé à l'..... de Dieu.
10. Elle n'avait toujours pas de nouvelles de son fils et son ..... augmentait de jour en jour.
11. Ce bébé est en parfaite santé; il a des yeux vifs et de belles ..... roses.
12. Il achète son ..... tous les matins avant d'aller au bureau.
13. Il passa en ..... parce qu'il avait volé deux montres en argent.
14. Ma banque prête de l'argent, mais les ..... sont assez élevés.
15. Je ne sais pas encore au juste quel ..... il arrive.
16. Cette affaire ne peut pas encore être jugée, car l'..... n'est pas terminée.
17. Une sorte d'..... naturel la mettait immédiatement en garde contre tout danger.
18. Il mesurait, à présent, toute l'..... de sa décision.
19. Après l'avoir frappée au visage, l'..... lui avait pris son sac et s'était enfui.
20. Accepte sa proposition, c'est dans ton .....
21. Chantal a grossi; elle ne peut plus fermer sa .....
22. Notre maître d'école avait un très grand sens de la .....
23. La réussite à un examen n'est souvent pas une question d'....., mais une question de travail.
24. Je ne peux pas prendre de décision dans cette affaire, car mon patron ne m'a pas donné d'.....
25. La fête nationale des Français a lieu le 14 .....

VIII Trouvez le verbe qui convient.
(Ils commencent tous par «i» ou «j».)

1. Il cherche toujours à ..... ses opinions aux autres.
2. Vous êtes priés de ..... une photo à votre lettre.
3. Le nouveau juge a été ..... la semaine dernière dans sa charge.

4. L'agent l'a ..... à le suivre, il n'a pas résisté et l'a suivi.
5. J'aimerais aller à la tour Eiffel, pouvez-vous m'..... le chemin?
6. Dubois? Non, il ne vient plus à la maison. Depuis qu'il est directeur, il nous ..... totalement.
7. Il s'est ..... d'un auteur très connu pour écrire son dernier livre.
8. Nous n'étions au courant de rien! ..... notre surprise en apprenant la nouvelle.
9. Mon oncle voulait me vendre sa vieille voiture, mais cela ne m'..... pas.
10. Mon cher ami, c'est à vous de ..... si vous devez accepter ou pas; je ne peux pas prendre la décision pour vous.
11. Si vous voulez bien, je me ..... à vous pour le voyage à l'étranger.
12. Excusez-moi d'..... votre conversation; pouvez-vous me dire l'heure qu'il est?
13. Pourquoi n'as-tu pas accepté d'aller au théâtre avec lui? Il ..... confiance ce garçon.
14. Les Legrand se sont fait ..... une salle de bains toute neuve.
15. Je vous en prie n'..... pas. L'affaire est réglée; maintenant, n'en parlons plus.
16. Il ..... beaucoup aux Français que le marché commun se réalise aussi vite que possible.
17. Il m'a ..... un très bon coiffeur.
18. Le gouvernement ..... trop souvent à croire que les gens sont bêtes.
19. Pierre s'..... qu'il va réussir à ses examens sans se donner la peine de travailler.
20. Chantal a une jolie voix et s'amuse souvent à ..... la Callas.
21. Autrefois, les messieurs s'..... devant les dames pour les saluer.
22. Une partie des usines Renault est ..... dans l'ouest de la France.
23. Les jeunes gens s'..... de plus en plus à la politique.
24. Après avoir été arrêté, il fut ..... par la police.
25. Il était dans une colère folle et se mit à ..... si fort que les gens dans la rue se retournaient.
26. Tant qu'il habitera avec sa mère, il ne pourra pas ..... de toute sa liberté.
27. Je l'ai ..... auprès du patron, maintenant, c'est à lui de se débrouiller.
28. Leur maître d'école les ....., tous les jours, sur la leçon qu'il ont apprise.
29. Quand on prie à l'église, on ..... souvent les mains.

IX Trouvez l'adjectif ou l'adverbe qui convient.
(Ils commencent aussi, tous, par «i» ou «j».)

1. Attends-moi ..... Je reviens tout de suite!
2. Ce garçon se conduit d'une manière ....., je ne veux plus sortir avec lui.
3. J'aime bien le Jura, c'est une ..... région.
4. Oh, la belle robe! C'est ..... ce que je cherchais!
5. Ce côté de son caractère m'était tout à fait .....
6. Il est très petit et laid et souffre de se sentir ..... à ses frères.
7. Hier, je me suis acheté un manteau à un prix très .....
8. En automne, les feuilles deviennent ..... et tombent.
9. Henri Duval est un ami ..... de mon mari.
10. Le commerce ..... français a baissé depuis l'année dernière.
11. «L'avez-vous ..... vu se mettre en colère?» – «Non, jamais.»
12. Il juge toujours très ..... les cas qui lui sont présentés.
13. Moi, je le crois ..... d'une pareille action.
14. Il n'avait rien dit ..... ici, mais il jugeait l'affaire beaucoup trop dangereuse.
15. Regarde en bas: Le disque se trouve sur le rayon .....
16. Il pouvait rester là pendant des heures, ..., à regarder la mer, sans faire un seul geste, sans dire un seul mot.
17. Elle traînait toujours un tas de choses ..... dans son sac.
18. Il fut, ..., un brillant homme politique, mais avec l'âge il a bien baissé.
19. L'espace est ....., on ne peut pas le mesurer.
20. Quand elle parlait à l'enfant, sa voix était d'une douceur .....

X Trouvez les mots qui manquent.
(Attention, ils ne commencent pas tous par «i» ou «j»!)

1. En hiver, nous passons souvent la soirée à jouer ..... cartes.
2. Sa mère est inquiète ..... son sujet, car il est toujours malade.
3. Venez voir par ....., je veux vous montrer quelque chose!
4. Il est ..... de jeter des bouteilles ..... la fenêtre du train.
5. Ils lui posèrent des questions .... ce qu'il raconte toute l'histoire.
6. Ne t'inquiète pas ..... ma santé. Je vais beaucoup mieux.
7. Pouvez-vous m'indiquer le chemin ..... la gare?
8. En France, les élèves ont vacances ..... jeudi.
9. Il m'est ..... de t'attendre, mon train part dans cinq minutes.
10. Peu ..... que tu viennes en jupe ou en pantalon, l'essentiel c'est que tu viennes!

11. Je regrette de ne pas savoir jouer ..... un instrument.
12. Pourquoi ne viens-tu ..... me voir?
13. Il n'avait pas osé, ...-là, lui dire qu'il l'aimait. Peut-être oserait-il ce soir?

Voilà ce qu'il fallait répondre:

I: 1b, 2c, 3a, 4b, 5c, 6b, 7a, 8b, 9c
II: 1c, 2b, 3c, 4b, 5b, 6c, 7a, 8b
III: 1c, 2a, 3c, 4c, 5a, 6c
IV: 1 juste, 2 juste, 3 faux, 4 juste, 5 juste, 6 juste, 7 faux, 8 juste, 9 faux
V: 1b, 2d, 3a, 4c, 5e
VI: 1 de, 2 à, 3 de, 4 à, 5 à, 6 de, 7 sur, 8 de, 9 en, 10 de, 11 à, 12 de, 13 à, 14 à, 15 en, 16 de
VII: 1 idée, 2 images, 3 jambe, 4 jeunesse, 5 intérêt, 6 journal, 7 journée, 8 idées, 9 image, 10 inquiétude, 11 joues, 12 journal, 13 justice, 14 intérêts, 15 jour, 16 instruction, 17 instinct, 18 importance, 19 inconnu, 20 intérêt, 21 jupe, 22 justice, 23 intelligence, 24 instructions, 25 juillet
VIII: 1 imposer, 2 joindre, 3 installé, 4 invité, 5 indiquer, 6 ignore, 7 inspiré, 8 imaginez, 9 intéresse, 10 juger, 11 joins, 12 interrompre, 13 inspire, 14 installer, 15 insistez, 16 importe, 17 indiqué, 18 incline, 19 imagine, 20 imiter, 21 inclinaient, 22 installée, 23 intéressent, 24 interrogé, 25 jurer, 26 jouir, 27 introduit, 28 interroge, 29 joint
IX: 1 ici, 2 impossible, 3 jolie, 4 justement, 5 inconnu, 6 inférieur, 7 intéressant, 8 jaunes, 9 intime, 10 intérieur, 11 jamais, 12 justement, 13 incapable, 14 jusqu', 15 inférieur, 16 immobile, 17 inutiles, 18 jadis, 19 infini, 20 infinie
X: 1 aux, 2 à, 3 ici, 4 interdit ... par, 5 jusqu'à, 6 pour, 7 de, 8 le, 9 impossible, 10 importe, 11 d', 12 jamais, 13 jusque

Combien de fautes avez-vous faites?

	I à VI	VII à IX	X
très bien	0– 5	0– 7	1 faute(s)
bien	6–10	8–15	2 fautes
satisfaisant	11–15	16–23	3 fautes
douteux	16–26	24–37	4–6 fautes
A revoir!	plus de 26	plus de 37	plus de 6 fautes

L comme Langues vivantes

Vous avez eu du mal à *vous lever* ce matin et vous avez *la* tête *lourde?* Bien sûr, quand on sort *le* soir, on *le* sent encore *le lendemain matin,* surtout *le lundi!* Profitez de *la leçon* et *la* prochaine fois ne buvez pas plus d'un demi-*litre* de vin. D'ailleurs, si vous n'avez pas encore seize ans et que vous soyez dans un *lieu* public, c'est contraire à *la loi.* Pour aujourd'hui, je vous conseille und repas *léger* avec beaucoup de *légumes.* Mais ce n'est qu'un conseil, je vous *laisse* entière *liberté!*

I Quel est le contraire?

1. un repas *léger* — a) gros b) difficile c) lourd
2. un geste *lent* — a) long b) court c) rapide
3. *lever* le rideau — a) laisser b) baisser c) abattre
4. Le contraire de *loin de* est — a) près de. b) aux environs de. c) vers.

II Qu'est-ce qui veut dire la même chose?

1. Il est interdit de *lancer* quelque chose par la fenêtre. — a) laisser b) donner c) jeter
2. J'ai *laissé* mon parapluie chez l'épicier. — a) vendu b) oublié c) prêté
3. Ecrivez en grosses *lettres.* — a) en gros caractères b) une grande page c) sur une enveloppe
4. Il lui *lia* les mains avec un grand mouchoir. — a) fixa b) attacha c) enveloppa

Vous semblez avoir des difficultés pour *lire.* Pourquoi ne pas porter de *lunettes?* Qu'avez-vous de *la* vie si vous ne voyez bien que *de loin?*

III Quelle est la suite qui convient?

1. «Avez-vous une chambre à louer?»
   a) «Elles sont toutes mauvaises.»
   b) «Oui, il m'en reste encore une.»
   c) «Elles sont toutes très belles.»

2. Cette expérience fut une bonne leçon,
   a) à l'avenir, je serai prudent.
   b) le cours était intéressant.
   c) je sais faire des recherches.

IV Est-ce que c'est

	faux?	juste?
1. On se sert souvent d'une lame pour se raser.	○	○
2. Il y a des lampes dans un poste de radio.	○	○
3. Les lunettes permettent d'aller sur la lune.	○	○
4. On livre les livres à la livre.	○	○
5. Le lendemain du dimanche, c'est lundi.	○	○
6. Quand il pleut trop, la rivière sort de son lit.	○	○

V Quels sont les mots qui vont ensemble?

1. le lac
2. la laine
3. la langue
4. la lame
5. la lampe
6. les légumes
7. le livre
8. la ligne
9. les lunettes

a) la lumière, b) la bouche, c) le jardin, d) l'eau, e) la vue, f) le mouton, g) le couteau, h) l'auteur, i) le pêcheur

VI Trouvez l'expression juste.

1. le plancher
2. son lit
3. des études
4. au lit
5. une loi
6. lieu
7. clair de lune
8. le soleil

a) se lève, b) aller, c) avoir, d) adopter, e) il fait, f) laver, g) faire, h) se livrer à

VII Trouvez le substantif qui convient.
(Ils commencent tous par «l».)

1. L'allemand est une ..... assez difficile.
2. Il faut encore que j'écrive une ..... ce soir.
3. Ses parents lui ont toujours laissé beaucoup de .....
4. Eric, va chercher un litre de ..... pour le petit déjeuner!
5. Il me reste une ..... de français à donner, ensuite je suis libre.
6. Si un jour je fume trop, j'ai mal à la tête le .....

7. Qu'est-ce qui est le plus lourd, un ..... de vin ou un ..... d'eau?
8. Il avait un air tellement ridicule qu'elle était obligée de se mordre les ..... pour ne pas rire.
9. «Henriette, avez-vous déjà lavé le .....?» – «Oui madame, il est déjà étendu.»
10. Pouvez-vous m'indiquer le ..... et l'heure de cette réunion?
11. Le gouvernement vient d'adopter une nouvelle .....
12. Ils avaient commencé une ..... pour voir qui des deux serait le plus fort.
13. Quand il sortit de la pièce sombre, la ..... vive du soleil lui brûla les yeux.
14. Karl Marx a révélé l'importance de la ..... des classes.
15. «Encore un peu de vin?» – «Juste une ..... s'il vous plaît.»
16. Je ne peux pas sortir maintenant, j'ai encore des ..... à apprendre.
17. Allume donc la ....., tu verras plus clair pour lire.
18. Dans la salle d'opération, on assistait à une véritable ..... entre la vie et la mort.
19. Donnez-moi une ..... de pommes, s'il vous plaît.
20. Il s'est trop éloigné de la côte et a été emporté par une .....

VIII Trouvez le verbe qui convient.
(Ils commencent tous par «l».)

1. A quelle heure t'es-tu ..... ce matin?
2. Marcel, attention! ne ..... pas le chien!
3. Mon grand-père ..... tous les jours le journal à sa femme, car elle ne voyait pas clair.
4. A leur mort, ses parents lui ont laissé de grands champs qu'il ..... à des paysans de la région.
5. Ma robe est sale, il faut que je la .....
6. Tout le monde ..... son verre en l'honneur de Michel et but à sa santé.
7. Eric, viens vite, nous t'avons ..... de la glace!
8. Les deux choses sont .....; ce sont deux aspects de la même question.
9. Le coupable a été ..... à la justice.
10. Les invités ..... beaucoup le repas.
11. Pourquoi l'avez-vous ..... faire?
12. Lorsque Lemarchand entra, Lebrun se ..... pour le saluer.
13. Il s'est ..... toute sa vie à des études sur les langues.
14. As-tu déjà ..... la lettre de Jeannine?
15. Pouvez-vous nous ..... vingt bouteilles de vin rouge avant ce soir?

IX Trouvez l'adverbe ou l'adjectif qui convient.

(Ils commencent tous par «l».)

1. Ton livre? Je l'ai posé ....., sur l'étagère.
2. Comme elle est ....., aucun garçon ne lui fait la cour.
3. Ce fut un travail ..... et pénible.
4. Vous restez ..... à Paris?
5. Cet auteur a un style .....
6. Tes affaires? Tiens, voilà un sac, mets les .....
7. Est-ce que cette table est encore .....?
8. Elle rêvait très souvent de partir dans des pays .....
9. Il lui semblait avoir entendu un ..... bruit.
10. Elle avait laissé ses enfants ..... de choisir leur métier comme ils l'entendaient.
11. Il fait très ..... cet après-midi, il va sûrement faire de l'orage.
12. Je ne l'aurais jamais cru capable d'une action aussi .....

X Cherchez les mots qui conviennent.

(Ils ne commencent pas tous par «l».)

1. Ils apercevaient, ... loin, des nuages de plus en plus nombreux.
2. Elle avait les ...., tellement elle était émue.
3. Les enfants ont faim. Peux-tu ..... préparer quelque chose à manger, Monique?
4. ..... de la dernière guerre, il y a eu beaucoup de victimes.
5. Quand il est à Paris, il aime bien se promener .... de la Seine.
6. Cette décision du gouvernement est ..... à la loi.
7. Eliane, regardez votre texte, nous en sommes .... ligne 10.
8. Savez-vous où la rencontre aura .....?
9. Monique et Daniel rentrèrent tout tristes; ..... chien s'était échappé au cours de la promenade.
10. Non, sois tranquille, il ne le fera pas, il est lié ..... la parole qu'il a donnée.
11. Le bateau a 5 m ..... long.
12. En France, les coiffeurs sont toujours fermés ..... lundi.
13. ..... loin, on aurait dit des moustiques sur un mur blanc.
14. Isabelle, veux-tu ..... ton lit avant de sortir?
15. Vous ne pourriez par vous taire .... parler pour ne rien dire?
16. Suzanne semble être au courant; tu ..... as déjà annoncé la nouvelle?
17. Il a planté quelques petits arbres en ....., au fond du jardin.

Voilà ce qu'il fallait répondre:

I: 1c, 2c, 3b, 4a
II: 1c, 2b, 3a, 4b
III: 1b, 2a
IV: 1 juste, 2 juste, 3 faux, 4 faux, 5 juste, 6 juste
V: 1d, 2f, 3b, 4g, 5a, 6c, 7h, 8i, 9e
VI: 1f, 2g, 3h, 4b, 5d, 6c, 7e, 8a
VII: 1 langue, 2 lettre, 3 liberté, 4 lait, 5 leçon, 6 lendemain, 7 litre, 8 lèvres, 9 linge, 10 lieu, 11 loi, 12 lutte, 13 lumière, 14 lutte, 15 larme, 16 leçons, 17 lumière (lampe), 18 lutte, 19 livre, 20 lame
VIII: 1 levé, 2 lâche, 3 lisait, 4 loue, 5 lave, 6 leva, 7 laissé, 8 liées, 9 livré, 10 louèrent (louent), 11 laissé, 12 leva, 13 livré, 14 lu, 15 livrer
IX: 1 là, 2 laide, 3 long, 4 longtemps, 5 lourd, 6 là-dedans, 7 libre, 8 lointains, 9 léger, 10 libres, 11 lourd, 12 laide
X: 1 au, 2 larmes aux yeux, 3 leur, 4 lors, 5 le long, 6 contraire, 7 à la, 8 lieu, 9 leur, 10 à, 11 de, 12 le, 13 de, 14 faire, 15 au lieu de, 16 lui, 17 ligne

Combien de fautes avez-vous faites?

	I à VI	VII à IX	X
très bien	0– 3	0– 4	0–1 faute(s)
bien	4– 6	5– 9	2–3 fautes
satisfaisant	7– 9	10–14	4–5 fautes
douteux	10–16	15–23	6–8 fautes
A revoir!	plus de 16	plus de 23	plus de 8 fautes

M comme Mémoire

Quel *métier* aimeriez-vous exercer? Si vous voulez être *menuisier*, *marchand* de *motocyclettes* ou *médecin*, vous n'avez pas besoin de langues. Quoiqu'avec le *marché commun*, cela pourrait toujours servir. Connaître les langues *modernes* n'est pas une *mode*, c'est devenu une nécessité.

I Quel est le contraire?

1. Ils se sont acheté des meubles *modernes*.
   a) vieux
   b) clairs
   c) anciens
2. Claude est *maigre;* son frère est
   a) gros.
   b) grand.
   c) mince.
3. «Est-ce que ce chien est méchant?»
   a) «Non, il est très doux.»
   b) «Non, il est très gentil.»
   c) «Non, il est très poli.»

II Qu'est-ce qui veut dire la même chose?

1. Ce chemin *mène* à la plage.
   a) dirige
   b) conduit
   c) emporte
2. Elle est fatiguée par le *moindre* effort.
   a) un effort énorme
   b) le plus petit effort
   c) un gros effort
3. *J'ai mis* deux mois à lire ce livre.
   a) il m'a fallu . . . pour
   b) j'ai employé
   c) j'ai usé
4. *se moquer de*
   a) se réjouir de
   b) rire de
   d) sourire à

III Quelle est la suite qui convient?

1. Il est très souvent malade car
   a) il est mou.
   b) il n'a pas une bonne santé.
   c) il est souvent au lit.
2. Il est tombé dans la misère car
   a) il faisait nuit.
   b) il ne voyait pas clair.
   c) il n'avait pas de travail.

IV Est-ce que c'est faux? juste?

	faux?	juste?
1. Dans le train, celui qui conduit la machine est un mécanicien.	○	○
2. Le métier du menuisier est de faire des meubles.	○	○
3. Une moto a un petit moteur.	○	○
4. Les mariages ont lieu à la mairie.	○	○
5. Mentir, c'est dire des mensonges.	○	○
6. On peut dire maman à la mer.	○	○
7. Un mari et sa femme forment un ménage.	○	○
8. Le tailleur prend les mesures avec un mètre.	○	○
9. Un chien méchant mord.	○	○
10. Qn qui est mou n'a pas beaucoup d'énergie.	○	○
11. La mouche vit dans un mouchoir.	○	○
12. Qn qui est muet ne peut pas parler.	○	○
13. La ménagère fait le ménage avec des appareils ménagers.	○	○

V Quels sont les mots qui vont ensemble?

1. le marchand
2. le maillot de bain
3. le marteau
4. la marche
5. la main
6. le mazout
7. la mesure
8. le ministre
9. la minute
10. le mouchoir
11. la marmite
12. le manteau
13. le métal

a) le magasin, b) le gouvernement, c) le nez, d) l'escalier, e) le fer, f) la musique, g) le manche, h) le doigt, i) la mer, j) le repas, k) le chauffage, l) l'heure, m) l'hiver

VI Quelles sont les prépositions qui conviennent?

à (au), de, dans, pour

1. ..... la main
2. ..... cette manière
3. au milieu .....
4. merci ...../.....
5. ..... le Midi
6. ..... la mode
7. moins ..... trois heures
8. à la manière .....
9. ..... moindre bruit
10. ..... la montagne
11. ..... ces mots
12. ..... moitié

à (au), de, en

13. mener .....
14. menacer .....
15. se moquer .....
16. mourir ..... faim
17. faire ..... la moto
18. Je manque ..... argent.
19. Il a manqué ..... sa parole.
20. Il a mal ..... la tête.
21. aller ..... marché
22. mettre ..... marche

Votre *mémoire* vous cause des ennuis? Ne *manquez* pas *de* bien apprendre vos *mots*. Je vous conseille de *vous y mettre dès maintenant*. *Marquez d'*une croix les *mots* que vous ne savez pas et apprenez-les.

VII Trouvez les substantifs qui conviennent.
(Ils commencent tous par «m».)

1. Il était heureux de rentrer à la ..... après son long voyage.
2. Le jeune chien aurait bien voulu s'échapper, mais son ..... ne voulait pas le lâcher.
3. La pauvre femme avait déjà eu bien du ..... dans la vie.
4. Le ..... de son peigne en corne était décoré de fins dessins.
5. Pendant le Tour de France, on se bat pour le ..... jaune.
6. Le ..... lui a ordonné un nouveau médicament.
7. Ce que vous dites là est un ..... !
8. Quel genre de ..... aimeriez-vous écouter?
9. Il est prêt à employer tous les ..... pour arriver à ses fins.
10. Hervé s'amusait à regarder le ..... des aiguilles de sa montre.
11. La famille resta près de la ..... toute la nuit, on l'enterra le lendemain matin.
12. Dans notre région, on élève les ..... plus pour leur viande que pour leur laine.
13. Ne t'occupe pas de ce que dit le ..... et fais ce que tu veux!
14. On trouve très souvent une fontaine au ..... de la place des vieux villages.
15. Les cafés, en France, ferment en général à .....
16. Cette jeune femme est toujours habillée à la dernière .....
17. Veux-tu la ..... de ma pomme? Elle est trop grosse pour moi.
18. Ah! ton frère répare les voitures? Je ne savais pas qu'il était .....
19. Une ..... doit toujours chercher à comprendre ses enfants.
20. Le diable est aussi appelé le prince du .....
21. La chance souriait toujours à Georges; Charles, lui, semblait être un oiseau de .....
22. La ..... avait fait des progrès rapides et il fallait l'emmener au plus vite à l'hôpital.
23. Il faut que je m'achète une nouvelle ..... à laver, car la mienne ne marche plus.
24. Je n'ai plus cet article ici, mais nous l'avons encore en .....
25. J'emporte aussi un .... en cas de mauvais temps.
26. Mon père a traversé presque tous les pays du .....
27. Leurs enfants ont de très mauvaises ....., ils ne savent même pas manger comme il faut!
28. Après une heure de ....., elle voulait déjà s'arrêter pour se reposer.

29. De loin, il vit une ..... énorme, couchée par terre.
30. J'ai mal dormi cette nuit, mon ..... est très mauvais.
31. Notre maison met à votre disposition tout le ..... nécessaire à vos recherches.
32. Il a essayé tout le ..... de réparer sa voiture sans y parvenir.
33. Quelle est la ..... que vous préférez en classe?
34. Quand je suis au bord de la ....., j'aime bien entendre le bruit de l'eau sur les rochers.
35. Combien de ..... de tissu vous faut-il?
36. Ils déjeunent toujours à ..... juste.
37. Il est à présent ..... du gouvernement.
38. Il a une ..... de chanter qui ne me plaît pas.
39. Notre maison essaye d'acquérir de nouveaux ..... àl'étranger.
40. Le ..... dans lequel il vivait ne lui plaisait plus.
41. Cette statue a été élevée à la ..... des victimes de la guerre.
42. Les paysans font en général la ..... au mois d'août.
43. Il aimait mieux attendre un ..... plus favorable pour faire sa demande.
44. Mes ..... ne me permettent pas d'acheter cette maison.
45. Le ..... explique les mots nouveaux à ses élèves.
46. Il faut toujours faire attention que les ..... ne viennent pas sur la viande.
47. Le gouvernement devrait veiller à ce que l'Etat ait une ..... forte.
48. Savez-vous quelle est la ..... la plus haute des Alpes?
49. Qui avait pu voler la montre? C'était un ..... que personne n'arrivait à éclaircir.
50. Sa femme a abîmé le ..... du garage en rentrant la voiture.
51. Voulez-vous un autre ..... de gâteau?
52. Non, ce soir nous ne pouvons pas sortir, nous avons du .....
53. Je suis obligé de vous donner ce billet, je n'ai pas de .....
54. Croyez-vous qu'il y ait une autre vie après la ..... ?
55. Je vous conseille de faire des études, vous en avez les .....
56. La haute ..... était couverte de petites plantes qui poussaient entre chaque pierre.

VIII Trouvez les verbes qui manquent.
(Ils commencent tous par «m».)

1. Vous avez essayé votre nouvel appareil? Il ..... bien?
2. C'est le maire lui-même qui a ..... Pierre et Monique.
3. Je ..... que cela est vrai!
4. Il me ..... trois francs pour pouvoir acheter cette robe.
5. Oh! quelle chaleur! Je ..... de soif.

6. Pierre dit qu'il n'a pas faim et qu'il ne veut pas .....
7. Son nom a été ..... dans cette affaire.
8. Les ouvriers ..... de cesser le travail si on n'augmente pas leur paie.
9. Avez-vous ..... toutes les conséquences de votre décision?
10. Pierre, ... donc ton manteau, tu vas avoir froid!
11. Le paysan ..... tous les matins les vaches à la fontaine.
12. Le nouveau président a dit qu'il voulait ..... l'ordre et la paix dans le pays.
13. En agissant ainsi, vous avez ..... aux règles établies par l'école!
14. Les aiguilles de ma montre ..... 4 h.
15. Après avoir lu la lettre, il la ..... dans sa poche.
16. Le paysan est en train de ..... son champ pour le vendre.
17. Il ne ..... pas que l'on s'occupe de lui.
18. C'est le garçon de l'hôtel qui m'a ..... ma valise.
19. .....-moi donc votre nouvelle robe.
20. Les prix ..... depuis le printemps dernier.
21. Nous avons ..... pendant des heures avant d'arriver à une fontaine.
22. Regarde, tu as ..... ta laine; comment veux-tu tricoter?
23. Quand nous arrivâmes sur le port, le bateau venait de .....
24. Il était déjà tard, on regardait le feu ..... dans la cheminée.
25. «Comment? Vous n'êtes pas parti?» – «Non, j'ai ..... le train.»
26. Il glissa un petit morceau de papier dans son livre pour ..... la page où il s'était arrêté.
27. Le directeur a ..... qu'il était maître de la situation.
28. Fais attention, tu as ..... ma robe en te lavant les mains!
29. «Où as-tu ..... la lettre de tante Jeanne? Je ne la retrouve pas.

IX Trouvez l'adjectif ou l'adverbe qui convient.
(Ils commencent tous par «m».)

1. C'est .....! Papa nous prête la voiture dimanche prochain!
2. J'aurais aimé venir vous voir plus tôt, ... je n'en ai pas eu le temps.
3. Le maître n'écrivait que deux mots dans les cahiers: bien ou .....
4. Comment, vous ne gagnez pas plus? C'est plutôt .....!
5. Je trouve que ce vin est encore ..... que le premier.
6. Je suis au courant, bien sûr, je peux ..... vous donner des détails sur l'affaire.
7. Il vivait dans la misère et se promenait, été comme hiver, avec une ..... veste sur le dos.

8. L'oncle Jean avait été capitaine et en avait gardé toute sa vie un ton .....
9. Regardez ce petit garçon comme il est ....., il essaye par tous les moyens d'avoir le jouet.
10. La maîtresse de maison est d'une grâce et d'un charme! Elle est tout simplement ..... !
11. Il était arrivé avec un air ..... et un petit sourire au coin des lèvres.
12. Leur situation ..... n'est pas merveilleuse.
13. Robert a ..... de chance que toi!
14. C'est ..... ce que vous m'avez écrit là! Dix lignes pour un devoir!
15. «La semaine dernière, il montrait assez d'enthousiasme.» – «Et .....?» – «....., plus beaucoup.»
16. ..... sa volonté de réussir, il n'y arrivait pas.
17. Il n'arrivait pas à comprendre que sa mère était ..... et qu'il ne la reverrait plus.
18. Le sol était ..... à cet endroit et on s'enfonçait à chaque pas.
19. Vous n'avez pas de pommes plus ..... que celles-ci?
20. Ce nouvel appareil répond aux besoins de la vie .....
21. Oui, j'ai été malade, mais maintenant cela va beaucoup .....
22. Ils vivent avec leurs trois enfants dans un ..... logement.
23. Cette petite ville a dix ..... habitants.
24. Cet incident est bien ....., mais vous n'y pouvez rien.
25. Oh, vous êtes tellement ..... qu'un mètre de tissu vous suffit pour vous faire une robe.
26. Il a plu tellement fort que je suis toute .....
27. Après ..... réflexion, il décida d'accepter le poste proposé.
28. Ce n'est pas un manteau d'été que je veux, ... un manteau de pluie.
29. Il avait, ... lui, accepté l'invitation.
30. Votre idée n'est pas ....., on pourrait essayer.
31. Je vous conseille d'aller chez le docteur Lemarchand, c'est le ..... que je connaisse.
32. Le pauvre est bien ..... depuis la mort de sa femme.
33. C'est un homme d'âge .....
34. Cela sent ..... par là!

X Trouvez le mot qui manque.
(Ils ne commencent pas tous par «m».)

1. Ce chapeau? C'est le ..... !
2. Ils avaient eu beaucoup de mal ..... la convaincre.
3. Mêle-toi ..... tes affaires!

4. Je suis montée ..... le train juste quand il allait partir.
5. Il mérite ..... réussir car il travaille.
6. Je mets mon manteau blanc, c'est celui qui me va ....
7. La maladie de son mari lui donne tellement de soucis qu'elle a déjà maigri ..... 5 kilos.
8. Ne serre pas si fort! Cela fait .....
9. Il n'a pas dormi pendant deux nuits, maintenant, les forces lui .....
10. Je vous ai marché ..... le pied? Oh! excusez-moi.
11. Pierre, tu ..... apportes le journal? J'aimerais le lire.
12. La fille des Poiret s'est ..... avec un ingénieur.
13. L'industrie française doit importer beaucoup de matières .....
14. Le marchand est content quand il a ..... un marché intéressant.
15. Ils s'étaient mêlés ..... autres groupes et entraient dans le château pour commencer la visite.
16. Merci ..... avoir gardé les enfants cette après-midi.
17. Cela ne ..... à rien de toujours se plaindre.
18. Je me fais faire un manteau ..... mesure pour cet hiver.
19. Envoie-moi un ..... quand tu seras en vacances; cela me fera plaisir.
20. Le train arrive en gare à 3 h ..... matin.
21. Quel métier aimeriez-vous ..... ?
22. Il s'est mis ..... pleuvoir juste quand nous voulions sortir.
23. J'aimerais ..... aller dans le Midi cette année.
24. Je ne sais pas s'il viendra, ... moins il l'a promis.
25. Napoléon est mort en l'an ..... huit cent vingt et un.
26. Prenez ce médicament une heure, ... moins, avant d'aller au lit.
27. Venez vite, vous êtes le dernier, ... le monde vous attend.
28. Nous avons attendu un bon ..... avant de lui être présentés.
29. Tu préfères ..... de la moto ou de la bicyclette?
30. Je l'ai vu pour la dernière fois ..... mois ..... mars.
31. ..... mieux si ce travail vous plaît, j'en suis bien contente.
32. Moins ..... trois heures avant sa mort, il était encore allé se promener.
33. Ses enfants sont ce qu'elle a de plus cher ..... monde.
34. Merci beaucoup ..... tout ce que vous avez fait pour nous.
35. La direction a pris des ..... sévères contre certains ouvriers.
36. Je ne l'aime pas, il fait .... à tout le monde.
37. La marche est glissante, j'ai ..... de tomber tout à l'heure.

Maintenant, vous connaissez déjà plus de la *moitié* du vocabulaire de base, c'est-à-dire *au moins mille mots:* C'est déjà un beau *morceau!*

Voilà ce qu'il fallait répondre:

I: 1c, 2a, 3b
II: 1b, 2b, 3a, 4b
III: 1b, 2c
IV: 1 juste, 2 juste, 3 juste, 4 juste, 5 juste, 6 faux, 7 juste, 8 juste, 9 juste, 10 juste, 11 faux, 12 juste, 13 juste
V: 1a, 2i, 3g, 4d, 5h, 6k, 7f, 8b, 9l, 10c, 11j, 12m, 13e
VI: 1 à, 2 de, 3 de, 4 de/pour, 5 dans, 6 à, 7 de, 8 de, 9 au, 10 à, 11 à, 12 à, 13 à, 14 de, 15 de, 16 de, 17 de, 18 d', 19 à, 20 à, 21 au, 22 en
VII: 1 maison, 2 maître, 3 malheur, 4 manche, 5 maillot, 6 médecin, 7 mensonge, 8 musique, 9 moyens, 10 mouvement, 11 morte, 12 moutons, 13 monde, 14 milieu, 15 minuit, 16 mode, 17 moitié, 18 mécanicien, 19 mère, 20 mal, 21 malheur, 22 maladie, 23 machine, 24 magasin, 25 manteau de pluie, 26 monde, 27 manières, 28 marche, 29 masse, 30 matelas, 31 matériel, 32 matin, 33 matière, 34 mer, 35 mètres, 36 midi, 37 membre, 38 manière, 39 marchés, 40 milieu, 41 mémoire, 42 moisson, 43 moment, 44 moyens, 45 maître, 46 mouches, 47 monnaie, 48 montagne, 49 mystère, 50 mur, 51 morceau, 52 monde, 53 monnaie, 54 mort, 55 moyens, 56 muraille
VIII: 1 marche, 2 marié, 3 maintiens, 4 manque, 5 meurs, 6 manger, 7 mêlé, 8 menacent, 9 mesuré, 10 mets, 11 menais, 12 maintenir, 13 manqué, 14 marquent, 15 mit, 16 mesurer, 17 mérite, 18 monté, 19 montrez, 20 montent, 21 marché, 22 mêlé, 23 mouiller, 24 mourir, 25 manqué, 26 marquer, 27 montré, 28 mouillé, 29 mis
IX: 1 magnifique, 2 malheureusement (mais), 3 mal, 4 mince (maigre), 5 meilleur, 6 même, 7 méchante, 8 militaire, 9 malin, 10 merveilleuse, 11 mystérieux, 12 matérielle, 13 moins, 14 maigre, 15 maintenant 2x, 16 malgré, 17 morte, 18 mou, 19 mûres, 20 moderne, 21 mieux, 22 misérable, 23 mille, 24 malheureux, 25 mince, 26 mouillée, 27 mûre, 28 mais, 29 malgré, 30 mauvaise, 31 meilleur, 32 malheureux, 33 mûr, 34 mauvais
X: 1 mien, 2 à, 3 de, 4 dans, 5 de, 6 le mieux, 7 de, 8 mal, 9 manquent, 10 sur, 11 m', 12 mariée, 13 premières, 14 fait, 15 aux, 16 d', 17 mène, 18 sur, 19 mot, 20 du, 21 exercer, 22 à, 23 mieux, 24 du, 25 mil, 26 au, 27 tout, 28 moment, 29 faire, 30 au ... de, 31 tant, 32 de, 33 au, 34 pour, 35 mesures, 36 du mal, 37 manqué

Combien de fautes avez-vous faites?

	I à VI	VII à IX	X
très bien	0– 5	0–11	0– 3 fautes
bien	6–11	12–23	4– 7 fautes
satisfaisant	12–16	24–36	8–11 fautes
douteux	17–28	37–59	12–18 fautes
A revoir!	plus de 28	plus de 59	plus de 18 fautes

N et O comme N'Oublie rien!

Voici une *nouvelle* leçon. Mais les mots *ne* sont *pas* plus *nombreux ni* plus difficiles que dans les autres. Si vous vous mettez tout de suite à l'*ouvrage* et si vous savez *organiser* votre travail, vous arriverez très vite à trouver le sens de ce qui, à l'*origine*, vous paraissait *obscur*.

I Quel est le contraire?

1. Il faut toujours qu'une porte soit *ouverte* ou
   a) pleine.
   b) fermée.
   c) attachée.
2. Je prends mon bain *nu*, mais au bureau je suis
   a) assis.
   b) en costume.
   c) habillé.
3. «Il s'est acheté une voiture *neuve?*»
   a) «Non, elle est d'occasion.»
   b) «Non, elle est usée.»
   c) «Non, elle est bonne.»
4. A *noir* on oppose en général
   a) rouge.
   b) bleu.
   c) blanc.

Alors? Vous voyez: il suffit d'*ouvrir* son livre et de commencer pour que les idées deviennent plus *nettes*. Cela *fait naître* en vous un sentiment d'*orgueil*. Et cela se comprend.

II Qu'est-ce qui veut dire la même chose?

1. La mère *nourrit* ses enfants.
   a) Elle les aime.
   b) Elle s'occupe d'eux.
   c) Elle leur donne à manger.
2. Ses chemises blanches ne sont jamais tout à fait *nettes*.
   a) claires
   b) propres
   c) lavées
3. On ne peut pas travailler dans une pièce *obscure*.
   a) claire
   b) sombre
   c) mal éclairée
4. Je vous fais *observer* que ...
   a) regarder
   b) remarquer
   c) voir
5. Cette chanson *faisait naître* en lui une immense tristesse.
   a) secouait
   b) éveillait
   c) appelait

III Quelle est la suite qui convient?

1. Il faut que tu nettoies tes ongles, car ils sont
   a) longs.
   b) sales.
   c) mous.
2. Je dis quelque chose à l'oreille de Michel
   a) car il est sourd.
   b) pour qu'Yves n'entende pas.
   c) parce qu'il est loin de moi.
3. Il s'oppose à ce projet car
   a) il n'est pas d'accord.
   b) il ne l'intéresse pas.
   c) il a accepté.

IV Est-ce que c'est

	faux?	juste?
1. Dans une famille nombreuse, il y a beaucoup d'enfants.	○	○
2. On se fait mal aux dents en mangeant un œuf dur.	○	○
3. Un événement extraordinaire est très ordinaire.	○	○
4. On peut être officier dans l'armée ou dans l'administration.	○	○

V Quels sont les mots qui vont ensemble?

1. le nez	5. l'or	9. l'ouvrage
3. le nylon	6. l'oiseau	10. l'orage
3. l'outil	7. la neige	11. l'œil
4. l'œuf	8. l'opération	12. l'os

a) l'hôpital, b) l'auteur, c) la chemise, d) l'éclair, e) le chien, f) l'odeur, g) la vue, h) la poule, i) le bec, j) l'ouvrier, k) l'hiver, l) la fortune

VI Quelle est la préposition qui convient?

à (au), en, dans, de

1. ..... grand nombre
2. ..... nord de
3. ...../..... nouveau
4. à l'ouest .....
5. tard ..... la nuit
6. ..... l'ombre
7. ...../..... or

de, à

8. il est nécessaire .....
9. s'occuper .....
10. offrir ..... faire qc
11. ordonner .....
12. obéir .....
13. être obligé .....
14. être occupé .....
15. s'opposer .....
16. oublier .....

Vous avez l'impression que vous *oubliez* vite ce que vous venez d'apprendre; c'est dans la *nature* des choses. C'est pourquoi, *il est nécessaire* que vous *ouvriez* votre livre chaque fois que vous le pourrez. *Nul ne* vous y *obligera.* Mais c'est dans votre intérêt et vous pourrez ainsi *vous occuper* de façon très utile. Profitez de chaque *occasion.*

VII Trouvez le substantif qui convient.
(Ils commencent tous par «n» ou «o».)

1. Veuillez me donner votre ..... et votre adresse.
2. Le feu avait fait beaucoup de victimes, mais on n'en connaissait pas encore le ..... exact.
3. Le ..... de la France possède plus d'usines que le sud.
4. Après la pluie, la terre dégage une ..... très forte.
5. Quand il traversait la cour, la nuit, il craignait toujours que quelqu'un ne sorte de l'..... et ne lui fasse du mal.
6. Cette jeune femme est française d'.....
7. Quelle est votre ..... sur cette affaire?
8. L'officier leur a donné l'..... de tirer si l'ennemi bouge.
9. A l'....., il pensait organiser son usine d'une autre manière.
10. Quelle est la ..... de ce mal?
11. Boire, manger et dormir sont des ..... absolues pour l'être humain.
12. Avec ses deux dernières pièces, il s'est fait un ..... dans le domaine du théâtre.
13. Le petit garçon a peur de sortir seul dans la .....
14. Carmen est une ..... de P. Mérimée.
15. De ses voyages, il ramenait toujours quelque ..... de valeur.
16. Il a l'..... très fine, il entend le moindre bruit.
17. Avez-vous lu les ..... complètes de Victor Hugo.
18. Ils rentrèrent fatigués mais contents que l'..... ait réussi.
19. Il a trop d'..... pour accepter un poste aussi peu important.
20. «Nuit», «octobre», «noix», sont des .....
21. En classe, ce matin, nous avons appris les ..... de 1 à 10.
22. Au printemps, j'aime bien me promener dans la .....
23. C'est par ..... qu'il a commis ce crime.
24. Ce n'est pas dans sa ..... d'oser douter des principes établis.

VIII Trouvez le verbe qui manque.
(Ils commencent tous par «n» ou «o».)

1. Cet enfant est difficile à élever, il ne veut jamais .....
2. Jacques ..... comme un poisson dans l'eau.
3. Puis-je vous ..... une cigarette?

4. Notre ami Lepin vient d'..... un poste de directeur à Lyon.
5. Est-ce que Nicole ..... son bébé?
6. Ses parents sont obligés de le ..... encore à trente ans, car il ne veut pas travailler.
7. Un de ses camarades, qu'il n'a pas voulu ....., lui avait volé de l'argent.
8. En quelques jours, l'ennemi ..... tout le nord de la France.
9. Attends deux minutes, il faut encore que je ..... mes chaussures avant de sortir.
10. Son père l'a ..... à épouser un garçon qu'elle n'aimait pas.
11. A la suite de cette rencontre, une profonde amitié ..... entre les deux hommes.
12. Je suis ..... de partir, j'ai promis à Ariane de passer la chercher à 6 h ce soir.
13. Lorsqu'on est français, on doit ..... les lois de l'Etat français.
14. Il a ..... de bonnes raisons au projet que je lui ai soumis.
15. Le médecin lui a ..... un nouveau médicament.
16. C'est Pierre qui a été chargé d'..... la maison des jeunes.
17. Pouvez-vous me prêter un parapluie? J'ai ..... le mien.
18. Philippe, veux-tu ..... ton coude de la table quand tu manges!
19. La porte s'..... et la mère parut en haut de l'escalier.
20. Cet individu a ..... me traiter de folle!
21. Qu'est-ce que votre mari vous a ..... pour votre fête?
22. Cet après-midi-là, il pleuvait et elle cherchait à ..... les enfants qui ne pouvaient pas sortir.
23. Sa femme l'oblige à ..... ses chaussures dans l'entrée pour ne pas salir le tapis.
24. Julien ..... toujours une surprise-partie quand ses parents ne sont pas là.

IX Trouvez l'adjectif ou l'adverbe qui convient.
(Ils commencent tous par «n» ou «o».)

1. Les bureaux de poste sont ....., en général, de 8 h à midi et de 14 h à 16 h.
2. Les deux frères sont de caractère tout à fait .....
3. Les astronautes furent accueillis comme des héros .....
4. Il est souvent difficile d'avoir un air ..... sur les photos.
5. Mme Dupont, ... Dubois, a la douleur de vous faire part de la mort de son père M. Jules Dubois.
6. Je dois vous avouer que je n'ai pas encore une idée très ..... de ce que l'on peut faire dans ce domaine.
7. Approche la lampe, il fait tellement ..... que je n'arrive pas à ouvrir la porte.

8. L'air, l'eau et le feu sont ..... à la vie de l'homme.
9. Oh! c'est une robe ..... que vous avez là?
10. Il appartenait à la seule famille ..... de la région et portait son titre avec orgueil.
11. Il ne boit pas de café, car il est déjà ..... de nature.
12. Les élèves sont très contents de leur ..... maître.
13. Les murs de sa chambre étaient ....., pas une plante, pas un tableau n'y était accroché.
14. Bien des choses restent encore ..... dans cette affaire.
15. ..... allez-vous en vacances cette année?
16. «Oh! vous allez en ville. Pouvez-vous me rapporter du pain s.v.p.?» – «Mais ....., Mme Mathieu!»
17. Quand on la regardait, on ne pouvait s'empêcher d'admirer l'expression ..... de son visage.
18. Son âme était encore plus ..... que ses yeux.
19. Nous avons passé nos vacances dans un charmant petit coin à l'..... de Lyon.
20. Le résultat des recherches qui ont été faites est .....

X Trouvez les mots qui manquent.

(Attention! vous savez qu'ils ne commencent pas tous par «n» ou «o».)

1. Elle est ..... en 1930 dans les environs de Paris.
2. Le film n'était pas bon? Alors, je n'ai ..... regret de ne pas y être allée.
3. Je ne pense pas qu'il soit ..... de prendre un parapluie!
4. C'est lui qui ..... maintenant le poste de ministre de l'Education nationale.
5. ....., moi non plus, cela ne m'intéresse pas.
6. Sa classe avait joué une petite pièce de théâtre .... occasion de la fête de l'école.
7. Ne le dérange pas, il vient de .... à l'ouvrage!
8. Il a fondé un hôpital et a, ..., consacré sa vie aux malades.
9. En classe, nous venons d'étudier les maladies du ..... nerveux.
10. Dubois a été ..... directeur de l'usine.
11. Vous ..... êtes jamais monté sur la Tour Eiffel?
12. Moi ...., je ne crois pas à son histoire.
13. S'il appelle à ....., dis-lui que je ne suis pas là.
14. J'aime bien me promener ..... pieds ..... dans le sable chaud.
15. Nous vous serions très ..... de nous envoyer une réponse rapide.
16. Elle a ..... de l'occasion pour nous rendre visite.
17. Je ne l'avais pas revu depuis des années, ... un jour, je le rencontrai dans Paris.

18. ..... vous venez avec nous, ... vous restez là, mais décidez-vous.
19. Philippe ne veut pas venir, il est ..... à réparer sa voiture.
20. Il peut être dangereux de rester .....-tête au soleil.
21. Il est très grand, blond et a les ..... bleus.
22. Où préférez-vous vous asseoir, ... ombre ou au soleil?
23. .... sont-ils ces gens là? Je ne les connais pas.
24. Un monsieur est venu pendant votre absence. Il n'a pas dit quel était l'..... de sa visite.

Voilà ce qu'il fallait répondre:

I: 1b, 2c, 3a, 4c
II: 1c, 2b, 3b, 4b, 5b
III: 1b, 2b, 3a
IV: 1 juste, 2 faux, 3 faux, 4 juste
V: 1f, 2c, 3j, 4h, 5l, 6i, 7k, 8a, 9b, 10d, 11g, 12e
VI: 1 en, 2 au, 3 de/à, 4 à, 5 dans, 6 à, 7 en/d', 8 de, 9 de, 10 de, 11 de, 12 à, 13 de, 14 à, 15 à, 16 de
VII: 1 nom, 2 nombre, 3 nord, 4 odeur, 5 ombre, 6 origine, 7 opinion, 8 ordre, 9 origine, 10 nature, 11 nécessités, 12 nom, 13 nuit, 14 nouvelle, 15 objet, 16 oreille, 17 œuvres, 18 opération, 19 orgueil, 20 noms, 21 nombres, 22 nature, 23 nécessité, 24 nature
VIII: 1 obéir, 2 nage, 3 offrir, 4 obtenir, 5 nourrit, 6 nourrir, 7 nommer, 8 occupa, 9 nettoie, 10 obligée, 11 naquit, 12 obligé, 13 observer, 14 opposé, 15 ordonné, 16 organiser, 17 oublié, 18 ôter, 19 ouvrit, 20 osé, 21 offert, 22 occuper, 23 ôter, 24 organise
IX: 1 ouverts, 2 opposé, 3 nationaux, 4 naturel, 5 née, 6 nette, 7 noir, 8 nécessaires, 9 neuve, 10 noble, 11 nerveux (-se), 12 nouveau, 13 nus, 14 obscures, 15 où, 16 naturellement, 17 noble, 18 noire, 19 ouest, 20 nul
X: 1 née, 2 aucun, 3 nécessaire, 4 occupe, 5 non, 6 à l', 7 se mettre, 8 en outre, 9 système, 10 nommé, 11 n', 12 non plus, 13 nouveau, 14 les ... nus, 15 obligés, 16 profité, 17 or, 18 ou ... ou, 19 occupé, 20 nu, 21 yeux, 22 à l', 23 d'où, 24 objet

Combien de fautes avez-vous faites?

	I à VI	VII à IX	X
très bien	0– 4	0– 6	0– 2 fautes
bien	5– 9	7–13	3– 5 fautes
satisfaisant	10–14	14–20	6– 8 fautes
douteux	15–22	21–34	8–12 fautes
A revoir!	plus de 22	plus de 34	plus de 12 fautes

P comme Pourquoi pas?

Vous avez *pris* votre *plume* et du *papier pour* écrire les mots que vous *ne* savez *pas*. «Que de mots et de *phrases* à apprendre!» *pensez-vous*. *Ne* vous effrayez *pas!* Vous en connaissez déjà une bonne *partie* et vous *parviendrez* bientôt à tout savoir. *Pensez aux progrès* que vous avez faits depuis le début et *poursuivez* vos efforts: La *peine* que vous vous donnez *n'*est *pas* inutile.

I Quel est le contraire?

1. Les hommes aiment la *paix*, mais font
   a) la misère.
   b) la guerre.
   c) la lutte.
2. C'est *pareil.*
   a) C'est égal.
   b) C'est plus.
   c) C'est différent.
3. Jean *précédait* le petit groupe.
   a) attirait
   b) suivait
   c) rencontrait

II Qu'est-ce qui veut dire la même chose?

1. Il a eu beaucoup de *peine* à terminer ses études.
   a) plaisir
   b) mal
   c) joie
2. On remplace de plus en plus le *poêle* par le chauffage central.
   a) le charbon
   b) le feu
   c) le fourneau
3. Vous *préférez* un fruit ou une glace?
   a) mangez
   b) aimez mieux
   c) choisissez
4. Gilles, qui voulait *partir*, tirait sa maman par le bras.
   a) courir
   b) crier
   c) s'en aller

III Quelle est la suite qui convient?

1. Nous eûmes beaucoup de peine à la mort de M. Benoit car
   a) il était lourd à porter.
   b) nous l'aimions bien.
   c) il était vieux.
2. «Peinture fraîche!» cela veut dire:
   a) Attention! elle est froide.
   b) Attention! elle n'est pas sèche.
   c) Achetez-en! elle est bonne.

3. Il paraît qu'il est malade, c'est-à-dire
   a) qu'il semble être malade.
   b) qu'il a l'air malade.
   c) qu'on dit qu'il est malade.
4. Il faut payer des frais de port, quand
   a) un bateau entre dans le port.
   b) on envoie un paquet par la poste.
   c) on va dans la mer du Nord.
5. C'est le mot propre, c.-à-d.
   a) qu'il a été nettoyé.
   b) que c'est le mot qui convient.
   c) qu'il m'appartient.

IV Est-ce que c'est

	faux?	juste?
1. Quand on a une bonne position, on est bien payé.	○	○
2. L'or est un métal précieux.	○	○
3. Parcourir un livre, c'est le lire de façon rapide.	○	○
4. Se perdre, c'est ne plus retrouver son chemin.	○	○
5. Le blé donne de la farine et de la paille.	○	○
6. Mon père et ma mère sont mes parents.	○	○
7. Mon cousin, c'est aussi un de mes parents.	○	○
8. Certains postes de radio marchent avec une pile.	○	○
9. On fait du cuir avec de la peau de vache.	○	○
10. La peinture est un art, la poésie aussi.	○	○
11. Le style d'un auteur peut être plat.	○	○
12. Un manteau de pluie protège contre la pluie.	○	○
13. L'homme respire aussi par la peau.	○	○

Vous *paraissez* fatigué? Vous *pensez aux plaisirs* qui vous échappent *pendant que* vous travaillez: Lire des *poésies*, jouer *une partie de cartes*, faire une *promenade à pied* sous la *pluie*, aller voir une *pièce de théâtre*, *passer votre temps* à *peindre*, faire des *photos*, *partir en voyage*. Que de jolis *projets!* Sera-ce bientôt *possible? Pourquoi pas?* J'*ai pitié de* vous et vous *permets de* faire ce que vous voulez après cet exercice. Vous *n*'avez *pas* à vous *plaindre*, n'est-ce pas?

V Quels sont les mots qui vont ensemble?

Deux substantifs

1. la page	4. le plafond	7. les pièces
2. le pain	5. le puits	8. le pêcheur
3. le prêtre	6. le paysan	9. le pied

a) la monnaie, b) l'église, c) le poisson, d) l'eau, e) la table, f) la faim, g) le livre, h) le plancher, i) la ferme

10. la pâte
11. la paie
12. le peigne
13. le port
14. le puits
15. la poste
16. le pharmacien
17. la patte
18. le plat

a) le médicament, b) l'animal, c) le bateau, d) l'assiette, e) le gâteau, f) l'ouvrier, g) le coiffeur, h) le charbon, i) les lettres

Verbe et substantif
Essayez de former les expressions que vous avez apprises.

19. la paix
20. une distance
21. (le) français
22. le prix
23. en voyage
24. la frontière
25. un coup de peigne
26. un examen
27. un cri

a) il parle, b) se donner, c) demander, d) pousser, e) faire, f) passer, g) partir, h) parcourir, i) il prépare

Vos *parents* vous disent sans doute de travailler au lieu de *perdre votre temps à* vous amuser? Il faut leur *pardonner:* Ils *ne* savent *plus* qu'il est *pénible* d'apprendre et, *à votre place,* ils trouveraient vite un *prétexte pour ne pas* se fatiguer. Mais nous *n*'allons *pas passer* notre temps à discuter. Vous êtes *prêt pour* le *prochain* exercice?

VI Quelle préposition est la bonne?

adjectif + préposition à ou de

1. propre .....
2. plein .....
3. prêt .....

verbe + préposition à ou de

4. profiter .....
5. promettre ..... faire qc
6. se proposer ..... faire qc
7. se plaire .....
8. se plaindre .....
9. se passer .....
10. penser .....
11. permettre ..... faire
12. prétendre .....
13. parvenir .....

verbe + nom ou pronom + préposition de ou à

14. demander pardon ..... qn
15. faire part ..... qc
16. prendre part ..... qc
17. prendre son parti .....
18. faire partie .....
19. prendre plaisir .....
20. prendre garde ..... (+ inf.)
21. préparer qn .....
22. prévenir qn .....
23. prier qn ..... faire qc

autres expressions + à (au) ou en

24. ..... présent
25. ..... pleine rue
26. ..... pied de la montagne
27. ..... présence de
28. ..... printemps
29. ..... perte de vue

Au lieu d'apprendre seul, vous *pouvez*, si *cela vous plaît*, vous faire *poser des questions par* un camarade: Le *principal*, c'est que vous éprouviez du *plaisir* à travailler.

VII Trouvez le substantif qui convient.
(Ils commencent tous par «p».)

1. Le chef de l'Etat français demeure au ..... de l'Elysée.
2. Ne jetez pas de ..... de banane par terre, on peut glisser dessus.
3. En France, la ..... de mort existe toujours.
4. Les enfants avaient pris leur seau et leur ..... et jouaient dans le sable.
5. La ..... de son porte-feuille lui causait du souci parce qu'il contenait tous ses papiers.
6. Pourquoi avoir .....? Il n'y a aucun danger!
7. C'est chez le menuisier qu'on peut trouver des .....
8. Son ..... préféré, c'est le riz à la tomate.
9. La ..... de la ville la rendait difficile à approcher et à prendre.
10. Un soldat doit toujours rester fidèle à son .....
11. Pour avoir le droit de conduire une voiture, il faut être en ..... d'un permis de conduire.
12. La ménagère fait la chasse à la .....
13. Au printemps, les ..... sont pleines de fleurs.
14. Les maîtres n'ont pas beaucoup d'heures de cours, mais la ..... des leçons leur prend beaucoup de temps.
15. Il avait pour ..... de se lever tôt, de manger peu et de travailler beaucoup.
16. Je regrette, mais je n'ai pas le ..... de faire ce que vous me demandez.
17. Regarde cet oiseau. Comme il a de belles ..... bleues!
18. Certaines ..... poussent à l'ombre, d'autres préfèrent le soleil.
19. La première chose à faire quand on arrive dans une ville qu'on ne connaît pas est d'acheter un .....
20. Le maître rapporte souvent une grande ..... de cahiers à la maison.
21. Vous avez combien de ..... dans votre nouvelle maison?
22. Philippe, je n'ai pas réussi à trouver de ..... précis dans votre devoir.
23. Dans les Alpes, les paysans passent l'été en montagne et l'hiver dans la .....
24. On construit de moins en moins de maisons en .....
25. Dans presque chaque ville, il y a une ..... du marché.

26. Dans les circonstances particulières, le Président de la République s'adresse au ..... français.
27. Je reconnus son ..... dans l'escalier et courus à la porte.
28. On doit laisser le ..... libre devant une sortie de garage.
29. C'est sa ..... du jeu qui a causé sa perte.
30. Cela ne constitue qu'une ..... de son projet.
31. Daniel est blessé, il faut lui faire un .....
32. Les hommes ne sont pas les seuls à porter le ..... Il est aussi à la mode pour les femmes.
33. La France est la ..... des Français.
34. Le ..... du café nous servit un verre de vin.
35. Il n'a pas voulu l'épouser; c'était pourtant un beau .....
36. Les U.S.A. et l'U.R.S.S. sont les deux plus grandes ..... du monde.
37. Combien de ..... vous faut-il pour peindre votre cuisine?
38. Le Président de la République est considéré comme un ..... très important.
39. Quelquefois, lors d'un orage, le vent a une ..... extraordinaire.
40. On accorde beaucoup de ..... à son avis.
41. D'un coup de ..... dans la poitrine, il l'envoya au tapis.
42. Quand on a un trou à sa ....., on risque de perdre son porte-monnaie.
43. L'auteur fait une ..... assez juste de la vie de province.
44. C'est lui qui jouait le ..... d'Othello.
45. En France, le dimanche, on peut voir beaucoup de ..... le long des rivières.
46. A Paris il y a beaucoup de ..... qui traversent la Seine.
47. Veux-tu aller me chercher un ..... pour planter ces fleurs?
48. Jadis, on ne mangeait du ..... que le dimanche ou pour les fêtes, maintenant, c'est la viande qui est le moins cher.
49. Essuyez les verres avec ..... pour ne pas les casser.
50. Bonaparte s'empara du ..... le 9 novembre 1799.
51. Après huit jours de recherches, la police n'a pas encore pu fournir la ..... qu'il est coupable.
52. Il est agréable d'avoir une ..... à la campagne où l'on peut passer ses vacances.
53. En automne, nous faisons une ..... de pommes de terre.
54. L'or a des ..... différentes de celles du fer.

VIII Trouvez le verbe qui convient.
(Ils commencent tous par «p».)

1. Hélène, as-tu fini de toujours ..... à ta voisine?
2. Le dernier numéro de «L'Express» vient de .....
3. Ne monte pas à l'échelle! Elle ..... Tu vas tomber!

4. Est-ce que ton père te ..... de sortir ce soir?
5. Il ..... tous ses espoirs dans le plus jeune de ses fils.
6. Le voleur ..... d'abord dans la cuisine, puis alla jusqu'au bureau où il ouvrit l'armoire.
7. Dans certains pays, on ..... les personnes qui ont été condamnées à mort.
8. Le bébé ..... 3 kg 500 et est en très bonne santé.
9. Que .....-vous de cette affaire?
10. Les environs de la ville sont ..... d'arbres.
11. Le sol est très sec, il n'a sans doute pas ..... depuis un mois.
12. A cet endroit, il n'y avait pas assez d'eau pour qu'il puisse ..... sans danger.
13. J'ai ..... le journal d'aujourd'hui sur la table de l'entrée.
14. Il sortit des allumettes et un bout de ficelle de sa poche, c'était tout ce qu'il .....
15. La police a ..... le voleur pendant deux heures avant de l'arrêter.
16. Quand on n'arrive pas à mettre une voiture en marche, on est souvent obligé de la .....
17. .....-je vous inviter à aller au théâtre?
18. Il ..... un crayon et du papier et se mit à dessiner.
19. Des difficultés de politique intérieure ont ..... les événements qui provoquèrent la chute du gouvernement.
20. On a ..... les autorités de s'occuper de ce cas. Rien à faire!
21. As-tu ..... les Barbeau que nous passerions les voir dimanche?
22. Cet homme ..... qu'on lui a volé son porte-monnaie.
23. On ..... que l'été prochain sera chaud et sec.
24. La France ..... beaucoup de vin.
25. Il a ..... du beau temps pour peindre les portes et les fenêtres.
26. Vous n'êtes pas d'accord? Qu'avez-vous d'autre à ..... ?
27. Il a été ..... par le maître pour n'avoir pas fait ses devoirs.
28. C'est lui qui m'a ..... en me traîtant de fou!
29. Si tu me ..... de ne rien dire à maman, je te donne du chocolat.
30. Qu'est-ce qui vous ..... que c'est lui qui dit la vérité?
31. Le président a ..... son discours devant l'assemblée.
32. Nous sommes ..... de Paris à 8 h 30 ce matin.
33. Il ..... pour un très bon patron. Est-ce que c'est vrai?
34. On ne ..... pas toujours obtenir tout ce qu'on veut.
35. Combien avez-vous ..... ce livre?
36. Pouvez-vous me ..... de vous avoir causé du chagrin?
37. Quand on a des frères et sœurs, on apprend à ..... ce qu'on a avec eux.
38. La lumière s'éteint, le rideau se lève et la chanteuse ..... sur la scène.

39. Vous ..... par où pour aller à Bordeaux?
40. Ah! il a voulu se moquer de moi, mais il me le .....
41. Après deux heures de marche, ils ..... en haut de la montagne.
42. Jean, s'il te plaît, ... ta serviette et range-la.
43. Il faut toujours bien ..... une décision avant de la prendre.
44. Il avait ..... les intentions de son ami depuis longtemps déjà.
45. Le nouveau maître ..... aux élèves.
46. Les enfants se ..... sur le gâteau que leur mère apportait.
47. Vous ne connaissez pas Dubois? Je vous le .....
48. S'il vous plaît, ne ..... pas comme cela et faites la queue comme les autres!
49. Il ne savait pas comment la ..... à l'horrible nouvelle.
50. Certains arbres ..... sous le poids des pommes qu'ils portent.
51. Que s'est-il passé? Vous ..... tout triste.
52. En principe, on devrait faire ..... son passeport tous les trois ans.
53. Il fait si beau; venez vous ..... au lieu de jouer aux cartes!
54. On va à l'église pour .....
55. C'est dans cette rue que s'est ..... l'accident.
56. Pour sonner, ... très fort sur le bouton.
57. Il put ..... l'accident en saisissant le volant à temps.
58. Son passé lui interdit de ..... à un poste dans l'administration.
59. La nouvelle ..... un effet tout différent de celui que l'on avait attendu.

IX Trouvez l'adjectif ou l'adverbe qui convient.
(Ils commencent tous par «p».)

1. Il était très ..... et semblait fatigué.
2. Ce chien me suit .....
3. ..... Eric! il n'a pas réussi à son examen.
4. Il habite dans une ..... ville.
5. Jean est de famille .....
6. Voulez-vous un verre de vin? Volontiers, mais pas .....
7. Julien a toujours eu ..... de chance que son frère.
8. Cette petite table en bois ....., c'est vous qui l'avez faite?
9. A la fête, on avait joué et chanté des airs .....
10. Vous souvenez-vous encore du ..... mot que vous avez appris en français?
11. J'ai ..... terminé mon travail.
12. Le souci ..... de la plupart des femmes est le ménage.
13. Souvent les maris sont obligés d'attendre leurs femmes qui ne sont pas .....
14. Pensez-vous que ce lac soit très ..... ?

15. On exige de tout hôtel que les draps soient .....
16. L'eau de cette rivière est très .....
17. La nouvelle a été rendue .....
18. Il s'exprimait toujours d'une manière très .....
19. Autrefois, il était riche et puissant, mais sa situation ..... n'est pas brillante.
20. «Vous prenez du café?» – «Oui, mais très .....»
21. Quand on mange de la soupe, on a une assiette creuse, sinon, une assiette .....
22. Il laissa tomber par terre son pot ..... de lait.
23. Il a dit qu'il viendrait ..... demain.
24. C'est une affaire ..... et je veux pas que d'autres s'en mêlent.
25. «Vous êtes content de votre hôtel?» – «Oui, c'est vraiment .....»
26. J'aime beaucoup lire et tout ..... la poésie.
27. Savez-vous quel est l'homme politique le plus ..... en ce moment?
28. C'est un jeune homme très .....; il me salue toujours quand il me rencontre.
29. Un couteau de cuisine doit être .....
30. Mon père ne sortait presque jamais le soir, mais, ..., il allait faire une partie de cartes au café.
31. Il n'était pas très fort en langues et était obligé de prendre des leçons .....

Il est très difficile de *posséder* une langue de façon *parfaite*. Il *ne* suffit *pas* d'apprendre des mots, il faut savoir construire des *phrases*. On *peut pourtant* arriver assez vite à bien *parler*, surtout si l'on va *passer* quelques mois dans le *pays*. Essayez, cela *peut* vous être une aide *précieuse*.

X Trouvez les mots qui manquent.
(Je vous préviens: Ils ne commencent pas tous par «p».)

1. Nous sommes allés à Paris ..... le train.
2. Il ..... plaît chez nous, car il peut faire tout ce qu'il veut.
3. Puis-je avoir un peu ..... eau, s'il vous plaît?
4. Il avait été piqué par un moustique pendant ..... il dormait.
5. Gisèle prend une robe ..... l'armoire.
6. Combien gagnez-vous ..... mois?
7. Le temps ..... vite quand on a un travail intéressant.
8. ..... as-tu été puni?
9. Nous sommes un peu en retard, il est possible ..... l'autocar soit déjà parti.
10. De loin, il avait ..... le vieil homme pour son grand-père.

11. Il ..... peut ..... je parte déjà demain pour Paris.
12. Gérard habite près ..... la poste.
13. Gisèle se prépara, ... elle attendit qu'Yves passât la chercher.
14. ..... vous avez appris le français, vous devez savoir le parler.
15. Chantal! J'ai besoin d'une tasse! Prends-en une ..... la table et apporte-la moi!
16. .....-moi le sel, s'il te plaît.
17. .... du mois de juillet les jours deviennent plus courts.
18. Elle donne un morceau de chocolat à l'enfant .... il s'arrête de pleurer.
19. L'homme disparut ..... la foule.
20. Je donne maintenant ..... parole à M. Langlois.
21. Vous y allez ..... pied?
22. La plupart ..... gens qui étaient là avaient apporté leur repas froid dans un panier.
23. Venez ..... samedi ..... jeudi, si cela vous est possible.
24. Il nous a donné ..... parole qu'il n'était pour rien dans cette affaire.
25. Il sait tirer ..... de la moindre occasion.
26. Je suis heureux de vous proposer cet accord de la ..... de la maison Petit et Gros.
27. Je vous ..... d'avoir des enfants aussi pénibles!
28. Personne n'est blessé, alors, c'est le ..... !
29. A votre ....., je profiterais de cette occasion.
30. Jean, tu viens ..... une partie de cartes?
31. Il y a .... un quart d'heure que je suis rentrée.

Voilà ce qu'il fallait répondre:

I: 1b, 2c, 3b
II: 1b, 2c, 3b, 4c
III: 1b, 2b, 3c, 4b, 5b
IV: 1–13: Toutes les phrases sont justes.
V: 1g, 2f, 3b, 4h, 5d, 6i, 7a, 8c, 9e, 10e, 11f, 12g, 13c, 14h, 15i, 16a, 17b, 18d, 19e, 20h, 21a, 22c, 23g, 24f, 25b, 26i, 27d
VI: 1 à, 2 de, 3 à, 4 de, 5 de, 6 de, 7 à, 8 de, 9 de, 10 à, 11 de, 12 à, 13 à, 14 à, 15 de, 16 à, 17 de, 18 de, 19 à, 20 de, 21 à, 22 de, 23 de, 24 à, 25 en, 26 au, 27 en, 28 au, 29 à
VII: 1 palais, 2 peau, 3 peine, 4 pelle, 5 perte, 6 peur, 7 planches, 8 plat, 9 position, 10 poste, 11 possession, 12 poussière, 13 prairies, 14 préparation, 15 principe, 16 pouvoir, 17 plumes, 18 plantes, 19 plan, 20 pile, 21 pièces, 22 plan, 23 plaine, 24 pierre, 25 place, 26 peuple, 27 pas, 28 passage, 29 passion, 30 partie, 31 pansement, 32 pantalon, 33 patrie, 34 patron, 35 parti, 36 puissances, 37 peinture, 38 personnage, 39 puissance, 40 poids, 41 poing, 42 poche, 43 peinture, 44 personnage, 45 pêcheurs, 46 ponts, 47 pot,

7 – 52352/1

48 poulet, 49 précaution, 50 pouvoir, 51 preuve, 52 propriété, 53 provision, 54 propriétés

VIII: 1 parler, 2 paraître, 3 penche, 4 permet, 5 place, 6 pénétra, 7 pend, 8 pèse, 9 pensez, 10 plantés, 11 plu, 12 plonger, 13 posé, 14 possédait, 15 poursuivi, 16 pousser, 17 puis, 18 prit, 19 précipité, 20 pressé, 21 prévenu, 22 prétend, 23 prévoit, 24 produit, 25 profité, 26 proposer, 27 puni, 28 provoqué, 29 promets, 30 prouve, 31 prononcé, 32 partis, 33 passe, 34 peut, 35 payé, 36 pardonner, 37 partager, 38 paraît, 39 passez, 40 paiera, 41 parvinrent, 42 plie, 43 peser, 44 pénétré, 45 plaît, 46 précipitèrent, 47 présenterai, 48 poussez, 49 préparer, 50 plient, 51 paraissez, 52 prolonger, 53 promener, 54 prier, 55 passé, 56 pressez (presser), 57 prévenir, 58 prétendre, 59 produisit

IX: 1 pâle, 2 partout, 3 pauvre, 4 petite, 5 pauvre, 6 plein, 7 plus, 8 poli, 9 populaires, 10 premier, 11 presque, 12 principal, 13 prêtes, 14 profond, 15 propres, 16 pure (profonde), 17 publique, 18 précieuse, 19 présente, 20 peu, 21 plate, 22 plein, 23 peut-être, 24 personnelle, 25 parfait, 26 particulièrement, 27 populaire, 28 poli, 29 pointu, 30 parfois, 31 particulières

X: 1 par, 2 se, 3 d', 4 qu', 5 dans, 6 par, 7 passe, 8 pourquoi, 9 que, 10 pris, 11 se ... que, 12 de, 13 puis, 14 puisque, 15 sur, 16 passe, 17 à partir, 18 pour qu', 19 parmi, 20 la, 21 à, 22 des, 23 plutôt ... que, 24 sa, 25 parti, 26 part, 27 plains, 28 principal, 29 place, 30 faire, 31 à peine

Combien de fautes avez-vous faites?

	I à VI	VII à IX	X
très bien	0– 8	1–14	0– 3 fautes
bien	9–16	15–28	4– 6 fautes
satisfaisant	17–24	29–42	7– 9 fautes
douteux	25–40	43–72	10–15 fautes
A revoir!	plus de 40	plus de 72	plus de 15 fautes

Alors, vous avez fait des progrès?

Lettres I et J	I–VI	VII–IX	X .....
Lettre L	I–VI	VII–IX	X .....
Lettre M	I–VI	VII–IX	X .....
Lettres N et O	I–VI	VII–IX	X .....
Lettre P	I–VI	VII–IX	X .....

N'oubliez pas que vous avez besoin de moins de temps, maintenant, pour faire les exercices. C'est un signe de progrès.

Q et R comme Quelle Réponse?

Rappelez-vous une *règle* avant de commencer:
– Si vous *répétez* souvent les mots *que* vous apprenez vous les *retiendrez* mieux.

I Quel est le contraire?

1. Il a *résisté* quelque temps, puis il a fini par	a) causer. b) céder. c) rire.
2. Ce train est très *rapide,* celui de 18 h 30 est plus	a) en retard. b) long. c) lent.
3. Quand tu auras *rempli* ton panier va	a) le mettre à la cave. b) l'enlever à la cave. c) le vider à la cave.

Un deuxième conseil:
Lorsque vous écrivez un devoir en classe, n'oubliez pas de le *revoir* avant de le *rendre.* Il est *rare qu'*il n'y ait plus de fautes.

II Qu'est-ce qui veut dire la même chose?

1. Il se *rappelle* ses belles vacances de l'été dernier.	a) Il recommence b) Il se souvient de c) Il appelle
2. Si l'on *rapproche* ces deux faits ...	a) compare b) reproche c) regarde
3. Il sauta dans sa voiture et *se rendit* à Versailles.	a) quitta Versailles b) alla à Versailles c) arriva à Versailles
4. Il a *répandu* de l'eau sur la table.	a) jeté b) versé c) lancé
5. Il a *résolu* de partir dès que possible.	a) décidé b) proposé c) ordonné
6. Je l'appelai en vain *à plusieurs reprises.*	a) plusieurs fois b) de plusieurs villes c) quelquefois

III Quelle est la suite qui convient?

1. Il ne voulait pas soulever la question parce qu'	a) elle était trop lourde. b) elle était délicate. c) il n'était pas assez fort.
2. Il remonta sa montre	a) qui était tombée par terre. b) qu'il avait laissée en bas. c) qui s'était arrêtée.
3. Il a perdu la raison, c'est-à-dire qu'il	a) ne sait plus où elle est. b) ne la trouve plus. c) est devenu fou.

IV Est-ce que c'est

	faux?	juste?
1. Dix est le quart de quarante.	○	○
2. Quand on est en retard, on n'est pas à l'heure.	○	○
3. Les avocats portent quelquefois une robe.	○	○
4. Se réfugier quelque part, c'est y chercher abri.	○	○
5. Il faut souvent faire la queue chez le boucher.	○	○
6. Quelque chose de ridicule provoque le riz.	○	○
7. On suit souvent un régime quand on est malade.	○	○
8. On relève les ouvriers toutes les huit heures.	○	○
9. La grande route est une route qui va de Calais à Nice.	○	○

V Quels sont les mots qui vont ensemble?

1. le quai
2. le quartier
3. la queue
4. la règle
5. le rayon
6. la réponse
7. le restaurant
8. la religion
9. le rasoir
10. le rôle
11. le rond
12. la rose
13. la roue

a) le théâtre, b) la question, c) la lune, d) le repas, e) la gare, f) la serviette, g) le chat, h) la voiture, i) le prêtre, j) le jardin, k) le crayon, l) l'armoire, m) la barbe

Un autre conseil encore:
Parlez français aussi souvent *que* vous le pouvez!
Vous *redoutez de* faire des fautes, *de* ne pas *réussir à* vous exprimer, *de rougir* et *de* vous sentir *ridicule? Repoussez* ces idées! *Réfléchissez* un peu: Vous *n'*avez *rien* à perdre, vous ne *risquez rien.* Un peu de courage! Il faut oser, si l'on veut arriver à *quelque chose,* et ne pas *reculer* devant les difficultés. Si *quelqu'un rit de* vos fautes, ne *renoncez* pas tout de suite en vous disant: *A quoi bon?*

Si cela peut vous *rassurer,* dîtes-vous *que* les autres en font autant *que* vous. *Quant à vous,* si vous poursuivez vos efforts vous ferez des progrès très *rapides* et vous vous étonnerez du *résultat* dans *quelque* temps.

VI Quelle est la préposition qui convient?

à, en

1. ..... la radio
2. par rapport .....
3. ..... mon grand regret
4. riche .....

de, à, sur

5. se rapprocher .....
6. recommencer .....
7. recouvrir .....
8. réduire .....
9. réfléchir ...../.....
10. regretter .....
11. se réjouir .....
12. remonter .....
13. remplir .....
14. renoncer .....
15. répondre .....
16. se réserver .....
17. résister .....
18. résoudre .....
19. retarder .....
20. retomber .....
21. réunir .....
22. rire .....
23. se résoudre .....
24. risquer .....

de, à, pour

25. redouter ..... faire qc
26. J'ai réussi ..... gagner.
27. C'est ce qui reste ..... faire.
28. faire remarquer qc ..... qn
29. remercier qn ...../.....
30. rappeler qc ..... qn

Pour vous entraîner à parler:
Répondez plus souvent en classe *aux questions qui* sont posées. Essayez chaque fois *que* vous le pouvez de raconter *quelque chose.* Si votre *récit* est court, au début, cela *ne* fait *rien.* Et l'été prochain, *réalisez* votre *rêve,* allez passer vos vacances en France. A votre *retour,* on ne vous *reconnaîtra* plus.

VII Trouvez les substantifs qui manquent.
(Ils commencent tous par «q» ou «r».)

1. Oh! qu'il est joli ce chien. Il est de quelle ..... ?
2. Ils ont fait un mariage de .....
3. Il habite dans la ..... la plus tranquille du quartier.
4. Cette ..... a un cours très régulier.
5. Elle s'amusait avec un bâton à faire des ..... dans le sable.
6. J'ai beaucoup de ..... pour le docteur A. Schweitzer.

7. La révolution de 1789 amena un changement de régime et provoqua la chute du .....
8. Le wagon qui vous est réservé se trouve en ..... du train.
9. J'écoute la ..... tous les soirs pour être au courant de ce qui se passe dans le monde.
10. Autrefois, il n'était pas rare qu'une femme se trouvât sans ..... après la mort de son mari.
11. Pourquoi prends-tu cette .....? Le chemin aurait été plus court par Reims.
12. Le voyage a été pénible à l'aller, le ..... fut plus agréable.
13. En principe, les hommes prennent leur ..... à l'âge de 65 ans.
14. La ..... de Nice et de la Savoie à la France a eu lieu en 1860.
15. La police arrive! Fuis! C'est ta dernière .....!
16. Pierre, tu peux emporter le ..... du gâteau pour ton petit déjeuner, si tu en as envie.
17. La ..... des cours a été fixée cette année au 24 octobre.
18. Laisse-le tranquille, il est fatigué; il a besoin de .....
19. Il faut que je mène ma voiture au garage pour une .....
20. Je n'ai pris ma décision qu'après mûre .....
21. Lorsqu'il arriva, tous les ..... se fixèrent sur lui.
22. Quand j'envoie de l'argent par la poste, l'employé doit me remettre un .....
23. Sais-tu quelle est la ..... qui produit le plus de blé en France?
24. Quelles que soient les circonstances, il vaut toujours mieux s'en tenir aux ..... du jeu.
25. La ..... des arbres dans l'eau est un sujet qui intéresse beaucoup de peintres.
26. Après la première guerre mondiale, les Allemands durent payer des ..... aux pays ennemis.
27. Le ..... de la loi par chacun est une des conditions de la vie en société.
28. Les ..... entre le père et le fils n'étaient pas bons.
29. Dès qu'elle eut connaissance du crime, la police entreprit des recherches dans un ..... de 100 kilomètres.
30. Au cinéma, il vaut mieux ne pas être au premier ..... car cela fatigue les yeux.
31. Il rêvait souvent qu'il avait beaucoup d'argent, mais la ..... était bien différente.
32. Vous connaissez la ..... de son départ si rapide?
33. En période de grandes chaleurs, il est conseillé de ne s'exposer qu'avec précaution aux ..... du soleil.
34. J'aime bien me promener le long des ..... de la Seine.
35. Le charme est, paraît-il, une ..... toute française.
36. Je voudrais un ..... de beurre, s'il vous plaît.

37. Fais attention, la ..... de la casserole est très chaude.
38. La dernière ..... du parti a eu lieu la semaine dernière.
39. La découverte des lois de l'électricité fut une véritable .....
40. Je suis à la ..... d'un appartement.
41. Jean a écrit pour nous annoncer son ..... dans quinze jours.
42. L'armée venait d'être battue, l'heure de la ..... avait sonné.
43. Pour vos rideaux, prenez ce tissu, il est de très bonne .....
44. C'est le ..... des appareils ménagers qui l'avait le plus intéressée dans le grand magasin.
45. Ce paysan espère pouvoir rentrer la ..... avant qu'il ne pleuve.

VIII Quel est le verbe qui convient.
(Ils commencent tous par «q» ou «r».)

1. Les Leroux? Ils n'habitent plus ici, ils ont ..... le quartier depuis quelques années déjà.
2. Pouvez-vous me ..... chez moi? Je n'ai plus de bus pour rentrer.
3. L'affaire marche bien. Combien vous .....-t-elle dans l'année?
4. Bonjour Madame, nous avons fait ..... une chambre pour cette nuit au nom de M. et Mme Deschamps.
5. Il a ..... sa vie pour sauver un enfant qui était tombé à l'eau.
6. A mi-chemin, ils s'aperçut qu'il avait oublié ses papiers et dut ..... les chercher.
7. Ça y est! Je suis arrivé à ..... le problème.
8. Vous ne trouvez pas que Jacques ..... beaucoup à son père?
9. Il faut que j'aille à la banque pour ..... de l'argent.
10. Pierre a ..... son départ de quelques heures.
11. Jeannine ..... la plus belle de ses robes pour les jours de fête.
12. Dans son livre, l'auteur a voulu ..... tous les milieux.
13. Le gros chien s'approcha de lui, mais Jean le ..... du pied.
14. Chopin ..... au cimetière du Père-Lachaise.
15. Ils avaient ..... encore une fois la pièce avant d'entrer en scène.
16. Quelque chose venait de ..... dans l'obscurité; était-ce un chat ou un voleur?
17. Après un dur combat, l'armée française fut obligée de se .....
18. Pour avoir une journée de libre, l'ouvrier doit souvent se faire ..... par un autre.
19. Prière de ..... cette feuille et de la retourner aussitôt.
20. L'origine de cet usage ..... au XVIième siècle.
21. Il ne faut pas ..... à demain ce qu'on peut faire aujourd'hui.
22. L'enfant venait de tomber, Isabelle l'aida à se .....
23. Le chemin ..... la grande route juste avant la forêt.
24. Cet enfant est très éveillé, il ..... tout.

25. Elle a décidé de ..... ses dépenses courantes pour acheter une voiture.
26. Elle accompagna l'enfant jusqu'à la porte et le ..... s'éloigner.
27. Essaie de ..... le poste de radio, on ne comprend rien.
28. En hiver, la neige ..... toute la plaine.
29. Sa grand-mère l'a ..... après la mort de ses parents.
30. Si j'oublie de vous rendre l'argent que vous m'avez prêté .....-le moi!
31. Il ne suffit pas d'avoir de grands projets, encore faut-il pouvoir les .....
32. Nous étions invités chez les Poiret samedi dernier, Mme Poiret nous a très bien .....
33. En principe, les avions ne devraient pas ..... le toit des maisons.
34. L'orage se ..... peu à peu du village.
35. Cette question n'a pas encore été .....
36. J'ai prié sa mère de lui ..... la lettre quand il rentrera.
37. Quand on casse une vitre à son voisin, on doit la lui .....
38. En chemin, nous avons ..... le facteur.
39. Est-ce que cela ..... à vos espérances?
40. En entendant sonner, il se précipita si vite au téléphone qu'il ..... une chaise en passant.
41. Dans la classe, on a ..... 50 francs pour faire un petit voyage.
42. Donner c'est donner, ... c'est voler.
43. Cette pièce a déjà été ..... de nombreuses fois.
44. On ne peut pas ..... à quelqu'un d'être bête.
45. Après avoir appris la nouvelle, il s'est ..... à partir le plus vite possible.
46. Essuye les couverts, s'il te plaît, c'est tout ce qui ..... à faire.
47. Il y a tellement de fumée ici qu'on peut à peine .....
48. Nous nous sommes perdus en forêt, mais au bout d'un moment nous avons fini par ..... notre chemin.
49. Mme Léger ..... ses enfants tous les matins, à 7 h, pour aller à l'école.
50. L'homme a, paraît-il, ... des choses très importantes à la police.
51. Madame, j'ai passé de très bonnes vacances dans votre hôtel, j'aimerais y ..... l'an prochain.
52. «Tu es content de ta voiture?» – «Oh oui, elle ..... bien.»
53. Je ne veux pas vous ..... plus longtemps, si l'on vous attend.
54. Les parents ont ..... leur enfant de cette école parce que les maîtres ne leur paraissaient pas assez sérieux.
55. Au bout d'un moment, la conversation ..... sur le même sujet.
56. On ..... souvent beaucoup de choses de ses voyages.

57. Mon mari ne rentrera pas avant 18h, pouvez-vous ..... ?
58. «Avez-vous trouvé une place?» – «Oui, j'ai ..... ma voiture le long du trottoir, devant la maison.»
59. Son mouchoir tomba par terre, il s'en aperçut et le .....

IX Trouvez l'adjectif ou l'adverbe qui convient.
(Ils commencent tous par «q» ou «r».)

1. Dehors, il faisait tellement froid qu'il en avait les mains toutes .....
2. Après la guerre, le chocolat était très .....
3. Le prêtre lit presque toujours des livres .....
4. La Bourgogne est une région très ..... en vin.
5. Vous n'avez ..... d'autre à me proposer?
6. On a cru longtemps que la terre était plate, en réalité, elle est plutôt .....
7. Habillé comme il l'est, il a l'air vraiment .....
8. Les bébés ont la peau douce et .....
9. Les pêcheurs ont un ..... métier.
10. Il vaut ..... mieux se taire que dire la vérité.
11. On compte ..... saisons dans une année.
12. C'était une femme d'une ..... beauté.
13. Prenez ce médicament, matin, midi et soir à heures .....
14. On parle souvent de ..... jours pour désigner deux semaines.
15. L'hiver dernier a été très .....

X Trouvez les mots qui manquent.
(Ils ne commencent pas tous par «q» ou «r».)

1. Jean est plus grand ..... son frère.
2. ..... poste de radio aimeriez-vous acheter?
3. ..... partez-vous en vacances?
4. Venez-voir, j'ai quelque chose ..... bon à vous offrir.
5. Le parti a gagné beaucoup de voix ..... rapport à l'année dernière.
6. Dans ce cas-là, je dois reconnaître ..... j'ai tort.
7. Il ne recule ..... aucun danger.
8. Pourquoi vous inquiéter? Vous avez .... vivre!
9. On lui refusa ..... manger, car il ne pouvait pas payer.
10. Je me ..... de lui dire ce que je pense de son attitude.
11. Ça y est! J'ai caché les affaires, tu peux te ..... maintenant!
12. Veux-tu ..... les rideaux dans la salle à manger et allumer la lumière?
13. Les Dubois se ..... de bonne heure, car Mme Dubois était fatiguée.
14. Je regrette ..... vous avoir blessée, ce n'était pas mon intention.

15. Depuis hier, il refuse ..... manger ce qu'on lui présente.
16. ..... faites-vous ce soir?
17. ..... as-tu invité pour demain?
18. Mes parents vont à la campagne, ..., je ne sais pas encore ce que je ferai.
19. ..... de ses camarades l'avaient décidé à faire du sport avec eux, tous les samedis.
20. ..... heure est-il, s'il vous plaît?
21. Les ministres ..... sont ....., hier après-midi, pour discuter différentes questions.
22. Au bruit des voix, l'enfant .... et se mit à pleurer.
23. Au théâtre, la pièce ne commence pas, tant qu'on n'a pas ..... le rideau.
24. Laisser cuire dix minutes à feu doux en ..... de temps en temps, puis retirer du feu.
25. La vieille dame ..... qu'on lui vole son argent quand elle n'est pas chez elle.
26. Hier il était malade, il est ..... couché.
27. Ce chagrin va la ..... malade.
28. Le directeur nous a ..... pendant deux heures avec son rapport.
29. Il en fut ..... à vendre sa maison pour pouvoir rendre l'argent qu'il devait.

Discours de M. Dubois à ses camarades:
(Certains verbes ont été effacés. A vous les retrouver!)

Je ..... depuis des années d'être en *retraite* pour pouvoir me ....., ... mes affaires, ... de façon plus *régulière* aux lettres que je ..... Je me ..... de ne plus être obligé de me ..... tous les matins à 6 heures. J'espère qu'il ne me faudra plus ..... à me ..... pour ne pas ..... le bus. Je ne serai plus obligé de ..... à travailler tous les lundis.
Voilà que l'heure tant désirée est arrivée. Je *ne regrette qu'*une chose: ne plus pouvoir ..... les camarades après le travail pour boire un verre. Ce plaisir sera désormais ..... à celui qui me *remplacera.* Je m'en *réjouis* pour lui.

a) réveiller, b) ranger, c) raser, d) réservé, e) recommencer, f) rêve, g) réjouis, h) répondre, i) rencontrer, j) reposer, k) renoncer, l) reçois, m) rater

Voilà ce qu'il fallait répondre:

I: 1b, 2c, 3c
II: 1b, 2a, 3b, 4b, 5a, 6a
III: 1b, 2c, 3c

IV: 1 juste, 2 juste, 3 juste, 4 juste, 5 juste, 6 faux, 7 juste, 8 juste, 9 faux

V: 1e, 2c, 3g, 4k, 5l, 6b, 7d, 8i, 9m, 10a, 11f, 12j, 13h

VI: 1 à, 2 à, 3 à, 3 en, 5 de, 6 à, 7 de, 8 à, 9 à/sur, 10 de, 11 de, 12 à, 13 de, 14 à, 15 à, 16 de, 17 à, 18 de, 19 de, 20 sur, 21 à, 22 de, 23 à, 24 de, 25 de, 26 à, 27 à, 28 à, 29 de/pour, 30 à

VII: 1 race, 2 raison, 3 rue, 4 rivière, 5 ronds, 6 respect, 7 roi, 8 queue, 9 radio, 10 ressources, 11 route, 12 retour, 13 retraite, 14 réunion, 15 ressource, 16 reste, 17 reprise, 18 repos, 19 réparation, 20 réflexion, 21 regards, 22 reçu, 23 région, 24 règles, 25 réflexion, 26 réparations, 27 respect, 28 rapports, 29 rayon, 30 rang, 31 réalité, 32 raison, 33 rayons, 34 quais, 35 qualité, 36 quart, 37 queue, 38 réunion, 39 révolution, 40 recherche, 41 retour, 42 retraite, 43 qualité, 44 rayon, 45 récolte

VIII: 1 quitté, 2 ramener, 3 rapporte, 4 réserver, 5 risqué, 6 retourner, 7 résoudre, 8 ressemble, 9 retirer, 10 retardé, 11 réserve, 12 représenter, 13 repoussa, 14 repose, 15 répété, 16 remuer, 17 rendre, 18 remplacer, 19 remplir, 20 remonte, 21 remettre, 22 relever, 23 rejoint, 24 remarque, 25 réduire, 26 regarda, 27 régler, 28 recouvre, 29 recueilli, 30 rappelez, 31 réaliser, 32 reçus, 33 raser, 34 rapproche, 35 résolue, 36 remettre, 37 remplacer, 38 rencontré, 39 répond, 40 renversa, 41 ramassé, 42 reprendre, 43 représentée, 44 reprocher, 45 résolu, 46 reste, 47 respirer, 48 retrouver, 49 réveille, 50 révélé, 51 revenir, 52 roule, 53 retenir, 54 retiré, 55 retomba, 56 rapporte, 57 rappeler, 58 rangé, 59 ramassa

IX: 1 rouges, 2 rare, 3 religieux, 4 riche, 5 rien, 6 ronde, 7 ridicule, 8 rose, 9 rude, 10 quelquefois, 11 quatre, 12 rare/réelle, 13 régulières, 14 quinze, 15 rude

X: 1 que, 2 quel, 3 quand, 4 de, 5 par, 6 que, 7 devant, 8 de quoi, 9 à, 10 réserve, 11 retourner, 12 tirer, 13 retirèrent, 14 de, 15 de, 16 que, 17 qui, 18 quant à moi, 19 quelques-uns, 20 quelle, 21 se ... réunis, 22 se réveilla, 23 levé, 24 remuant, 25 redoute, 26 resté, 27 rendre, 28 rasé, 29 réduit

discours: 1 rêve, 2 reposer, 3 ranger, 4 répondre, 5 reçois, 6 réjouis, 7 réveiller, 8 renoncer, 9 raser, 10 rater, 11 recommencer, 12 rencontrer, 13 réservé

Combien de fautes avez-vous faites?

	I à VI	VII à IX	X
très bien	0– 6	0–11	0– 3 fautes
bien	7–12	12–23	4– 6 fautes
satisfaisant	13–19	24–36	7– 9 fautes
douteux	20–32	37–59	10–14 fautes
A revoir!	plus de 32	plus de 59	plus de 14 fautes

S comme Succès

Quand on prépare un examen, il ne *suffit* pas de travailler pour réussir, il faut aussi être en parfaite *santé:* Il faut *surtout* avoir les nerfs *solides* et, pour cela, travailler avec *bon sens, selon ses* forces et ne pas vouloir aller au-delà, faire du *sport, se* réserver huit heures de *sommeil* par nuit, ne pas *se* faire de *soucis sans* raison.

I Quel est le contraire?

1. Regarde, ta chemise est *sale,* celle de ton frère est encore
   a) belle.
   b) fraîche.
   c) propre.
2. Ce vin-là est de qualité *supérieure,* l'autre lui est
   a) meilleur.
   b) inférieur.
   c) moindre.
3. Ma mère aime la forêt pour son *silence,* ma sœur, la ville pour son
   a) éclat
   b) bruit
   c) mouvement
4. Jeannine *sortait* du magasin comme j'y
   a) allais.
   b) courais.
   c) entrais.

II Qu'est-ce qui veut dire la même chose?

1. Les enfants se mirent à courir dans tous les *sens.*
   a) toutes les directions
   b) toutes les rues
   c) tous les points
2. Il continue à *soutenir* qu'il n'est au courant de rien.
   a) crier
   b) affirmer
   c) avouer
3. Avez-vous *saisi* la pensée de l'auteur?
   a) tenu
   b) pris
   c) compris
4. Qu'est-ce que cela *signifie?*
   a) exprime
   b) raconte
   c) veut dire
5. A la Sorbonne, les cours sont *suspendus* pendant deux semaines.
   a) interrompus
   b) finis
   c) interdits
6. Il lui semblait entendre des bruits *singuliers.*
   a) peu nombreux
   b) étrangers
   c) étranges

III Quelle est la suite qui convient?

1. Je ne peux pas le souffrir, cela veut dire que
   a) je n'aime pas qu'il souffre.
   b) je ne l'aime pas.
   c) je le fais souffrir.
2. On va au secours d'une personne
   a) quand elle fait du sport.
   b) quand elle rend service.
   c) quand elle a besoin d'aide.

IV Est-ce que c'est **faux? juste?**

1. Qn qui est sourd d'une oreille n'entend pas de cette oreille. ○ ○
2. Le serpent est un animal long sans pattes. ○ ○
3. On dit: «A votre santé!» à un malade. ○ ○
4. Quand on a du bon sens, on sent bon. ○ ○
5. Dans une serviette, on range ses papiers. ○ ○
6. Dans le désert, on souffre souvent de la soif. ○ ○
7. On s'essuie les mains avec une serviette. ○ ○
8. Un siècle, c'est cent ans ou une certaine époque. ○ ○
9. Cela n'a pas de sens de soutenir que l'homme peut vivre cent ans sans sang. ○ ○

V Quels sont les mots qui vont ensemble?

1. le sable
2. le siège
3. le savon
4. le sein
5. la semaine
6. le soleil
7. la santé
8. le sud
9. la scie
10. la seconde
11. le sou
12. la sœur
13. le saint
14. le soldat
15. le sculpteur

a) la planche, b) la mer, c) le frère, d) la lune, e) l'argent, f) la maladie, g) la statue, h) le nord, i) l'armée, j) la poitrine, k) le mois, l) la religion, m) la toilette, n) le temps, o) la ville.

VI Quelles sont les prépositions qui conviennent?

à (au), de

1. ..... soleil
2. ..... sein de
3. au sud .....
4. ..... la suite de
5. ..... sujet de
6. ..... la sorte
7. semblable .....
8. sourd ...../.....
9. supérieur .....
10. le sac ..... main
11. la salle ..... bains
12. la salle ..... manger

à, de

13. songer .....
14. sourire .....
15. sortir .....
16. suspendre .....
17. supplier .....
18. servir ...../.....
19. se souvenir .....
20. se servir ..... qc/qn
21. souffrir ..... la faim
22. rendre service ..... qn

Sachez aussi vous arrêter, de temps en temps, après quelques heures de travail *sérieux* et *sortez* pour retrouver vos camarades. Ils aimeraient vous emmener au *spectacle?* Allez-y; je vous *souhaite* une bonne *soirée.*

VII Trouvez les substantifs qui manquent.
(Ils commencent tous par «s».)

1. Les parents doivent souvent faire des ..... pour élever leurs enfants.
2. Pierre n'osait pas révéler ses ..... à Monique.
3. Les parents étaient contents: Leurs enfants leur donnaient entière .....
4. Ecoute, je vais te dire quelque chose, mais n'en parle à personne, c'est un .....
5. Il ne faut pas oublier le ..... quand on fait cuire quelque chose.
6. Les villes détruites pendant la guerre offraient un triste .....
7. Ces tasses ne se vendent pas à la pièce, mais seulement en .....
8. Les muets se font comprendre par .....
9. Voilà deux mois qu'il était sans travail et sa ..... n'était pas brillante.
10. Le ..... dans ce restaurant est parfait.
11. Olivier fait ses devoirs avec beaucoup de .....
12. M. Lalou a acheté une partie des actions de la .....
13. Le ..... dans la région est très bon pour la culture du blé.
14. Vous êtes libre ce ..... ? Je pourrais passer vous chercher dans la ..... Nous irons au restaurant puis au théâtre.
15. Charles dormait d'un ..... profond et n'entendit pas son réveil.
16. Vous ne semblez pas très heureux; vous avez des ..... ?
17. Un léger ..... de vent passait sur le champ de blé.
18. Quelle ..... de pommes désirez-vous?
19. Il y a bien des siècles, on allait chercher son eau à la .....
20. Veux-tu encore une assiette de ..... ?
21. Il a gardé un très bon ..... de ses voyages en Allemagne.
22. Vous lirez la ..... de l'histoire dans le prochain numéro.
23. Ce serait un très joli ..... pour l'examen.
24. Mettez-vous du ..... dans votre café?

25. On ne peut continuer à jouer une pièce de théâtre que si elle a du .....
26. Les usines et les bureaux sont en général fermés le .....
27. Le printemps est la ..... que je préfère.
28. La Vénus de Mîlo est une ..... exposée au Louvre à Paris.
29. L'enfant alla remplir son ..... d'eau et vint le vider dans le sable.
30. Cette nouvelle causa un grand trouble au ..... de la famille.
31. La ..... se passe à Paris, dans un petit café le long des quais.
32. A la fin du XIXième siècle, la ..... fit de grands progrès.
33. Combien de ..... de pommes de terre dois-je commander pour cet hiver?
34. Je fais recouvrir les ..... de ma voiture car ils sont usés.
35. La ..... particulièrement favorable de la petite ville a permis à de nombreuses grandes usines de s'y installer.
36. Je me suis acheté un nouveau ..... à café.
37. Au XXième siècle, on produit de plus en plus les articles en .....
38. Claudine aimerait s'acheter une robe en .....
39. L'individu doit lutter pour défendre ses droits contre ceux de la .....
40. Vous avez besoin d'argent? Quelle ..... vous faut-il?
41. Le médecin a donné les premiers ..... au blessé.
42. Comment se fait-il que si peu de gens soient contents de leur .....?
43. Ce que je vous dis-là, je le tiens de ..... sûre.
44. A la fin du film, tout le monde se dirigea vers la .....
45. Sa vie n'était qu'une ..... de succès.
46. L'argent est souvent un ..... de dispute.
47. Au Moyen-Age, les paysans étaient des ..... soumis au seigneur.
48. Cette jeune femme sait gagner tous les cœurs avec un .....
49. Sa ..... fut grande en voyant arriver son ami qu'il croyait à Nice.
50. Tous les pays ne comptent pas d'après le même .....
51. L'appartement des Petit fut la ..... de cet horrible crime.

VIII Trouvez les verbes qui manquent.
(Ils commencent tous par «s».)

1. Pendant la guerre, on fit ..... beaucoup de ponts.
2. Le voleur s'est ..... en entendant du bruit à l'étage supérieur.
3. Quand le vent souffle, après la pluie, les chemins ..... vite.
4. Quand on va récolter les pommes, il n'est pas bon de ..... l'arbre.
5. Le malade ..... dormir à présent.
6. On peut ..... le blé soit au printemps soit à l'automne.
7. Tante Agathe nous a ..... du gâteau, du café et des glaces.

8. Le soir, devant le spectacle de la mer, elle ..... à celui qu'elle aime et qui est si loin.
9. Le directeur lui a ..... que la maison n'avait plus besoin de ses services.
10. On a ..... Tu vas ouvrir, Thomas?
11. Une dame ..... toujours sa toilette.
12. Isabelle, tu peux déjà descendre, papa est en train de ..... la voiture du garage.
13. En classe, on ne doit pas ..... à son voisin.
14. Pourquoi .....-vous que votre fils vous traîte de la sorte?
15. Ariane ..... le retour de son ami.
16. Cette valise est tellement lourde que je n'arrive même pas à la .....
17. Ce sont ces deux grands murs qui ..... le toit de la maison.
18. Il affirmait des choses tellement ridicules qu'on ne pouvait s'empêcher de .....
19. Tous les lundis, j'étais obligé de ..... le récit de ses aventures du dimanche.
20. L'ingénieur ..... un projet à son patron.
21. Le vent ..... des nuages de poussière sur le chemin.
22. Cette année, je vais ..... un cours de vacances à l'étranger.
23. Il ne ..... pas qu'on ne soit pas de son avis.
24. Je ..... qu'il est malade: Voilà huit jours que je ne l'ai pas vu.
25. Le peu d'instruction qu'il a lui ..... pour faire ce travail.
26. Un client l'a ..... en train de voler dans le magasin.
27. Sylvain, va ..... ton manteau dans l'entrée!
28. Yves ..... la petite fille par la main et l'emmena pour lui montrer ce qu'il venait de découvrir.
29. Attention, Brigitte! vous avez ..... une phrase.
30. On peut ..... la vie d'autres personnes en donnant son sang.
31. Sa maladie l'a beaucoup .....
32. Il paraît qu'il ..... très bien le français.
33. .....-vous la différence entre ces deux expressions?
34. La nouvelle avait ..... la terreur parmi les habitants du village.
35. Je ne ..... pas encore quand j'irai en vacances cette année.
36. Maintenant, je vais bien, je ne ..... plus aucune douleur.
37. Ces chaussures ne me vont pas, elles me .....
38. Le directeur n'écrit pas ses lettres lui-même, il ne fait que les .....
39. C'est sa fille qui la ..... depuis qu'elle est malade.
40. Ce mot ne ..... pas très bien!
41. Avec le bébé, il nous est maintenant plus difficile de .....
42. Je vous ..... une bonne et heureuse année.
43. L'armée a ..... beaucoup de pertes.

44. Il ne ..... pas de vouloir le bien, encore faut-il le faire.
45. Cette route ..... la rivière pendant dix kilomètres.
46. Cette action ..... pas mal de courage de sa part.
47. Sa maladie lui ..... de prétexte pour amener les gens à s'occuper de lui.
48. ..... que vous n'aurez pas toujours vos parents pour vous aider.
49. En France, quand on se ....., on se serre souvent la main.
50. Pascal a ..... son pantalon en jouant dans le sable.
51. Il ..... par-dessus le mur et le voilà dans le jardin!

IX Cherchez les adjectifs et les adverbes qui conviennent.
(Ils commencent tous par «s».)

1. L'amitié est pour Don Carlos quelque chose de .....
2. Cet enfant est très ....., on ne l'entend pas.
3. Philippe est le ..... enfant de Caroline et du prince X.
4. Je ne vous écoute plus si vous continuer à tenir des discours .....
5. «Vous ne venez pas avec nous?» – «....., mais j'aimerais changer de chaussures auparavant.»
6. «C'est ton chapeau ou celui de Nicole?» – «C'est le .....»
7. Tu n'a pas encore réussi à faire ton devoir? C'est pourtant .....!
8. Il était ..... occupé qu'il n'entendit pas sa femme rentrer.
9. ....., cet homme pourra nous aider à connaître la vérité.
10. Ils se tenaient l'un à côté de l'autre, ..., attendant l'arrivée du train.
11. Vous pouvez compter sur lui, c'est un homme .....
12. «France-soir», numéro .....! Tout sur la dernière opération du cœur!
13. Quel est le personnage qui vous a ..... plu dans cette pièce?
14. Eliane a oublié ..... parapluie.
15. «Pensez-vous que ces nouvelles maisons soient .....?» – «Oui, oui, elles dureront bien cinquante à soixante ans.»
16. La voiture n'était occupée que par une ..... personne.
17. ....., on entendit un grand bruit.
18. Nous sommes partis le dix et sommes rentrés le lundi .....
19. Il vient nous voir très .....
20. Le ciel est devenu si ..... qu'il pourrait bien pleuvoir.
21. Il est si ..... qu'il croit tout ce qu'on lui dit.
22. Ce monsieur avait un air et un ton très .....
23. La ..... pensée de se retrouver dans une situation semblable la rendait folle.
24. J'ai besoin d'un peu de bois ..... pour allumer le feu.
25. Veux-tu rentrer le linge, s'il est .....?

8 – 52352/1

26. Le Seigneur a mené une vie .....
27. On annonce la mort ..... de M. X, Directeur de la Banque de France.
28. «Vous avez appris quelque chose de nouveau?» – «Non, rien de .....»
29. Es-tu ..... de ce que tu affirmes?

X Trouvez les mots qui manquent.
(Souvenez-vous: Ils ne commencent pas tous par «s».)

1. Il avait écouté tout le temps ..... rien dire.
2. Il me semble qu'il ..... raison.
3. Certains agents de police ..... de service de nuit.
4. Demande-lui ..... elle veut venir avec nous.
5. Est-ce vrai que les femmes ne peuvent pas ..... de secret?
6. Daniel laisse traîner ..... veste sur le fauteuil.
7. Choisissez ce que vous voulez; vous pouvez prendre ..... l'un, ... l'autre.
8. Le chien se cache ..... la table.
9. Pensez-vous qu'il suivra vos ..... ?
10. Il a fait plusieurs essais qui sont restés ..... succès.
11. Supposez que cela ..... vrai! Que faire, alors?
12. Oh, je me suis assise ..... mes lunettes et les ai cassées.
13. Il vous faut travailler, ..., vous n'arriverez à rien.
14. Il s'est mis en colère, semble-t-il, sans .....
15. Peux-tu porter une bouteille sur le bout des doigts sans ..... elle tombe?
16. Il semble qu'il ..... raison, mais en réalité il a tort.
17. Il lui a fait signe ..... venir.

Si vous *suivez* les quelques conseils qui précèdent, vous *subirez sans doute* l'examen avec *succès*. Et *si* vous ne réussissez pas, *sachez* garder de *sourire!*

Voilà ce qu'il fallait répondre:

I: 1c, 2b, 3b, 4c
II: 1a, 2b, 3c, 4c, 5a, 6c
III: 1b, 2c
IV: 1 juste, 2 juste, 3 faux, 4 faux, 5 juste, 6 juste, 7 juste, 8 juste, 9 juste
V: 1b, 2o, 3m, 4j, 5k, 6d, 7f, 8h, 9a, 10n, 11e, 12c, 13l, 14i, 15g
VI: 1 au, 2 au, 3 de, 4 à, 5 au, 6 de, 7 à, 8 à/de, 9 à, 10 à, 11 de, 12 à, 13 à, 14 de, 15 de, 16 à, 17 de, 18 à/de, 19 de, 20 de, 21 de, 22 à

VII: 1 sacrifices, 2 sentiments, 3 satisfaction, 4 secret, 5 sel, 6 spectacle, 7 série, 8 signes, 9 situation, 10 service, 11 soin, 12 société, 13 sol, 14 soir, soirée, 15 sommeil, 16 soucis, 17 souffle, 18 sorte, 19 source, 20 soupe, 21 souvenir, 22 suite, 23 sujet, 24 sucre, 25 succès, 26 samedi, 27 saison, 28 sculpture, 29 seau, 30 sein, 31 scène, 32 science, 33 sacs, 34 sièges, 35 situation, 36 service, 37 série, 38 soie, 39 société, 40 somme, 41 soins, 42 sort, 43 source, 44 sortie, 45 suite, 46 sujet, 47 sujets, 48 sourire, 49 surprise, 50 système, 51 scène

VIII: 1 sauter, 2 sauvé, 3 sèchent, 4 secouer, 5 semble, 6 semer, 7 servi, 8 songe, 9 signifié, 10 sonné, 11 soigne, 12 sortir, 13 souffler, 14 souffrez, 15 souhaite, 16 soulever, 17 soutiennent, 18 sourire, 19 subir, 20 soumet, 21 soulève, 22 suivre, 23 supporte, 24 suppose, 25 suffit, 26 surpris, 27 suspendre, 28 saisit, 29 sauté, 30 sauver, 31 secoué, 32 sait, 33 sentez, 34 semé, 35 sais, 36 sens, 37 serrent, 38 signer, 39 soigne, 40 sonne, 41 sortir, 42 souhaite, 43 subi, 44 suffit, 45 suit, 46 suppose, 47 sert, 48 songez, 49 salue, 50 sali, 51 saute

IX: 1 sacré, 2 sage (silencieux), 3 second, 4 semblables, 5 si, 6 sien, 7 simple, 8 si, 9 seul, 10 silencieux, 11 sûr, 12 spécial, 13 surtout, 14 son, 15 solides, 16 seule, 17 soudain, 18 soir, 19 souvent, 20 sombre, 21 simple, 22 sérieux, 23 seule, 24 sec, 25 sec, 26 sainte, 27 soudaine, 28 spécial, 29 sûr

X: 1 sans, 2 a, 3 sont, 4 si, 5 garder, 6 sa, 7 soit ... soit, 8 sous, 9 conseils, 10 sans, 11 soit, 12 sur, 13 sinon, 14 sujet, 15 qu', 16 ait, 17 de

Combien de fautes avez-vous faites?

	I à VI	VII à IX	X
très bien	0– 5	1–13	0–1 faute(s)
bien	6–12	14–27	2–3 fautes
satisfaisant	13–17	28–41	4–5 fautes
douteux	18–29	42–65	6–8 fautes
A revoir!	plus de 29	plus de 65	plus de 8 fautes

T comme Travail

Quand vous avez commencé, *il vous tardait d'*avoir vite *terminé.* Vous n'arrêtiez pas de *tourner les pages* qui restaient et de les compter. Et *tout à coup,* vous en êtes à l'avant-dernière leçon. Le *temps* a passé vite, n'est-ce pas?

I Quel est le contraire?

1. Il se lève *tôt* et se couche
   a) toujours.
   b) de bonne heure.
   c) tard.
2. Cette fois-ci, c'est vous qui avez *tort* et moi qui ai
   a) raison.
   b) juste.
   c) l'avantage.

II Qu'est-ce qui veut dire la même chose?

1. J'aimerais *terminer* mon ouvrage avant de sortir.
   a) ranger
   b) finir
   c) commencer
2. Il veut *tenter* de traverser seul l'océan.
   a) tarder
   b) essuyer
   c) essayer
3. Lyon marqua le *terme* de son voyage.
   a) le début
   b) la fin
   c) le cours
4. *Tâchez* de le convaincre!
   a) cherchez à
   b) décidez de
   c) réussissez à

III Quelle est la suite qui convient?

1. Il me tarde de partir car
   a) je ne me plais pas ici.
   b) mon train a du retard.
   c) j'aimerais rester ici.

IV Est-ce que c'est	**faux?**	**juste?**
1. Qn de haute taille est qn de très grand.	○	○
2. On taille un crayon pour qu'il soit pointu.	○	○
3. Tomber malade, c'est se faire mal en tombant.	○	○
4. Un trou, c'est un tout petit village.	○	○
5. La table des matières indique ce que contient un livre.	○	○

V Quels sont les mots qui vont ensemble?

1. le tabac
2. la table
3. le tableau
4. le tailleur
5. le tapis
6. le thé
7. le timbre
8. le titre
9. la toile
10. le train
11. la tête
12. le traité
13. le tribunal
14. le tricot
15. le toit

a) la peinture, b) les cheveux, c) la paix, d) le plancher, e) la salle de classe, f) la lettre, g) la cigarette, h) la tasse, i) la laine, j) le juge, k) le livre, l) le voyage, m) la chaise, n) le costume, o) la maison

Vous *vous êtes trompé?* Ne soyez pas *triste* pour si peu! Cela arrive à *tout le monde.* Et rappelez-vous, il faut, *tout d'abord,* que vous ayez bien appris votre vocabulaire et, qu'*avant tout,* vous preniez le *temps* de réfléchir au moment de faire l'exercice.

VI Quelles sont les prépositions qui conviennent?

à, de (d'), en, par

1. triste .....
2. ..... haute taille
3. ..... un seul trait
4. tour ..... tour
5. ...../..... terre
6. ..... même temps
7. trop ..... travail
8. chacun ..... son tour
9. tout ..... l'heure
10. ..... temps
11. tout ..... suite
12. ..... temps ..... temps

à, de, en, sur, par

13. tâcher .....
14. tendre .....
15. trembler .....
16. s'en tenir .....
17. se terminer .....
18. tarder ..... faire qc
19. tenter ..... faire qc
20. téléphoner ..... qn
21. traîter ..... ami
22. traîter ..... fou
23. se taire ..... qc
24. se tromper ..... route
25. se tirer ..... affaire
26. se tromper ..... qn

VII Trouvez les substantifs qui conviennent.
(Ils commencent tous par «t».)

1. Cette robe ne me va pas: Ce n'est pas ma .....
2. Les feuilles qu'il avait mises en ..... furent balayées par le vent.
3. Si vous ne pouvez pas venir, donnez-nous un coup de .....

4. On dit que le ..... c'est de l'argent.
5. La plupart des gens passent leurs soirées à regarder la .....
6. Elle s'occupait de l'enfant avec beaucoup de .....
7. Les discours sont souvent pleins de ..... que personne ne comprend.
8. Votre wagon se trouve en ..... du train.
9. Il était rempli de ..... à l'idée que la guerre était déclarée.
10. En France, seuls les médecins portent leur ..... de docteur.
11. Il a eu un accident et tous les ..... sont de son côté.
12. Savez-vous combien de ..... votre moteur fait en une minute?
13. Les robes d'été sont plutôt dans les ..... clairs.
14. Lionel, lève-toi et fais vite ta .....; il est l'heure d'aller à l'école.
15. C'est lui qui est maintenant à la ..... de l'affaire.
16. L'auteur du crime n'a pas laissé de .....
17. Il vida son verre d'un seul .....
18. Avec ses quatre enfants, elle a beaucoup de .....
19. Il a fait un ..... à sa veste.
20. La mort de sa femme l'avait plongé dans un état de ..... dont il ne voulait plus sortir.
21. Au mur, il y avait un très joli ..... des bords de la Seine.
22. Qui c'est ce .....-là? Vous le connaissez?
23. Les ..... ont réussi à se mettre d'accord avec leur patron.
24. Les ..... dans un pays peuvent provoquer la chute du gouvernement.
25. A la chasse, les chiens sont une aide précieuse pour suivre la ..... des animaux.
26. Dimanche après-midi, nous sommes allés faire un ..... au lac.
27. La ..... veut que cette histoire se soit passée au XIIIième siècle.
28. N'oubliez pas le .... quand vous écrivez «grand-mère».
29. Il est connu pour avoir écrit un ..... d'histoire ancienne.
30. Sa bicyclette avait disparu, ses camarades avaient dû lui jouer encore un .....
31. Ses ..... sur la langue française ont eu beaucoup de succès.
32. Il aurait voulu cacher son ..... mais ne put s'empêcher de rougir.
33. Quel est le ..... de voiture que vous préférez?
34. Je n'aime pas le ..... qu'il a quand il s'adresse aux gens.
35. Il avait fait le ..... du jardin sans y trouver son chien.
36. Les femmes rêvent toutes de garder leur ..... de jeune fille.
37. L'auteur a fait un très bon ..... de la vie des paysans.
38. Il est difficile pour un étranger d'apprendre les ..... des verbes.

39. Nous avons reçu un ..... nous annonçant la nouvelle.
40. Nous avons eu un très beau ..... pendant les vacances.
41. Chacun des trois enfants a reçu un ..... de la fortune de ses parents.
42. Elle n'aime pas coucher sous la ..... quand il fait de l'orage.
43. Dans cette région, le ..... n'est pas assez bon pour qu'on y plante du blé.

VIII Trouvez les verbes qui conviennent.
(Ils commencent tous par «t».)

1. Lors d'un mariage, la soirée se ..... en général par des danses.
2. Notre terrain ..... celui des Nicod.
3. Les deux mois qu'il a passé à la montagne l'ont .....
4. Le menuisier ..... le bois.
5. Fais attention, ton tricot ..... par terre.
6. Quel sujet .....-vous cette année en histoire?
7. Ce matin, Michel a un peu de fièvre et il .....
8. Pour aller à l'hôpital St Roch, ... à droite après les premiers feux.
9. Vous vous ....., Gilles vaut mieux que vous ne le pensez.
10. Après dix heures du soir, on ne doit plus faire de bruit pour ne pas ..... le sommeil des voisins.
11. Les gens nerveux ..... très souvent.
12. Mme Petit ..... tous les vêtements de laine de ses enfants.
13. Vous n'avez pas le droit de ..... la rue si le feu est rouge.
14. Quand je suis allé chez lui, je l'ai ..... au lit.
15. Ce chat a été ..... par une voiture en traversant la route.
16. Pourquoi changer de place? Je me ..... bien ici.
17. Il vaut mieux lui ..... la vérité pour ne pas l'inquiéter.
18. S'il ..... encore à venir, nous partirons sans lui.
19. On ..... les arbres, soit en automne, soit au printemps.
20. Arrivé à sa hauteur, il lui a ..... la main pour le saluer.
21. On le ..... pour un voleur.
22. Si vos efforts ne ..... pas vers un but bien précis, ils sont vains.
23. Votre attention à mon égard me ..... beaucoup.
24. Il tira et l'oiseau .....
25. Autrefois, le paysan faisait ..... sa charrue par un cheval.
26. Le tailleur a ..... mon vieux manteau: Maintenant il est à la mode.
27. A qui est le livre qui ..... sur la table? C'est le tien?
28. Il fait meilleur dehors, le vent a .....
29. Quand on roule la nuit, il est facile de se ..... de chemin.
30. Il a ..... de nombreux pays au cours de ses voyages.

31. Bien des maris ..... leur femme.
32. Hier, j'ai ..... une montre dans la rue.
33. Il est certains points sur lesquels il vaut mieux se ..... que d'en trop parler.
34. Quand nous entrâmes, elle ..... l'enfant sur ses genoux.
35. Cela me ..... d'aller voir ce film, mais j'ai tellement de travail!
36. Il ..... 900 francs par mois.
37. Le premier janvier ..... un jeudi cette année.
38. Peux-tu m'aider à ..... cette corde?
39. On dit qu'elle ..... ce trait de caractère de sa mère.

Avez-vous déjà essayé de jouer quelque chose de simple en français? Par exemple: *Mettre la table. Tâchez de* décider vos amis à jouer avec vous: On *tire au sort* celui qui doit commencer le premier. On *met la table,* chacun à son tour, et *en même temps* on dit ce qu'on fait.
Vous connaissez *tous* les *termes* dont vous avez besoin et vous pourriez jouer une petite scène comme au *théâtre. Tentez* l'expérience! C'est *tellement* plus intéressant que d'apprendre *tout* seul.

IX Trouvez l'adverbe ou l'adjectif qui convient.
(Ils commencent tous par «t».)

1. Il faut que je rentre, il est déjà .....
2. Il a ..... d'argent qu'il ne sait plus qu'en faire.
3. ...., on entendit un bruit terrible.
4. Vous avez ..... votre vieille voiture?
5. ..... les enfants aiment jouer dans le sable.
6. Certaines personnes croient que le nombre ..... porte malheur.
7. Je suis ..... heureuse de vous voir.
8. Dornecy est un trou, mais il aime bien les endroits .....
9. Certains quartiers de grande ville sont très .....
10. La plupart des gens se plaignent d'avoir ..... de travail.
11. Je ne veux pas boire de cette eau, elle est trop .....
12. On ne peut s'empêcher de l'aimer, elle est ..... gentille.
13. Il a un ..... travail qu'il n'a plus le temps de sortir.
14. ..... il rit, ... il pleure.
15. Cette robe vous va ..... bien.

X Trouvez les mots qui manquent.
(Ils ne commencent pas tous par «t».)

1. Je me suis aperçu encore .... de mon erreur.
2. C'est une tradition de faire ..... quand on va au théâtre.
3. Nous pourrons nous mettre ..... table dans dix minutes.

4. Tiens- . . . . . bien pour ne pas tomber.
5. C'est grand-mère qui nous a offert ces tasses . . . . . café pour notre mariage.
6. Les enfants apprennent à connaître le monde extérieur en . . . . . à tout.
7. Elle travaille beaucoup, ... que son frère ne pense qu'à s'amuser.
8. C'est toi qui dois avoir la clé; nous sommes sortis . . . . et c'est toi qui a fermé.
9. Je . . . . . beaucoup à ce livre, c'est mon mari qui me l'a offert.
10. Vous y allez . . . . . les deux?
11. Ne le dérange pas, il est . . . . d'écrire.
12. Le petit oiseau dans la neige tremblait . . . . . froid.
13. Le marchand demande: «A qui le . . . . . ?»
14. Vous allez à l'école tous . . . . . jours?
15. Il a l'air de faire beau, ..., je crains qu'il ne pleuve avant ce soir.
16. J'aime bien me promener . . . . les bois.
17. Nous eûmes . . . . . à . . . . . de la pluie et du beau temps.
18. Il me tarde qu'il . . . . ., car il me fatigue trop.
19. L'enfant se promenait en . . . . . une petite auto derrière lui.
20. Il y a peut-être un moyen de . . . . . la difficulté.
21. Je n'ai pas envie de sortir . . . . . qu'il pleut.
22. Vous accepterez bien encore une tasse . . . . . café?
23. Depuis sa maladie, il ne fait que se . . . . . de son lit à son fauteuil et du fauteuil au lit.
24. Nous eûmes juste le temps de faire le . . . . . du château sans pouvoir le visiter.
25. Il y eut quelques . . . ., puis l'orage se calma et tout redevint tranquille.

On applique cet adjectif aussi bien à une personne qu'à une couleur ou à un morceau de viande! Lequel est-ce?

Voilà ce qu'il fallait répondre:

I: 1c, 2a
II: 1b, 2c, 3b, 4a
III: 1a
IV: 1 juste, 2 juste, 3 faux, 4 juste, 5 juste
V: 1g, 2m, 3e, 4n, 5d, 6h, 7f, 8k, 9a, 10l, 11b, 12c, 13j, 14i, 15o
VI: 1 de, 2 de, 3 d', 4 à, 5 à/par, 6 en, 7 de, 8 à, 9 à, 10 à, 11 de, 12 de/en, 13 de, 14 à, 15 de, 16 à, 17 par, 18 à, 19 de, 20 à, 21 en, 22 de, 23 sur, 24 de, 25 d', 26 sur

VII: 1 taille, 2 tas, 3 téléphone, 4 temps, 5 télévision, 6 tendresse, 7 termes, 8 tête, 9 terreur, 10 titre, 11 torts, 12 tours, 13 tons, 14 toilette, 15 tête, 16 traces, 17 trait, 18 travail, 19 trou, 20 tristesse, 21 tableau, 22 type, 23 travailleurs, 24 troubles, 25 trace, 26 tour, 27 tradition, 28 trait d'union, 29 traité, 30 tour, 31 travaux, 32 trouble, 33 type, 34 ton, 35 tour, 36 taille, 37 tableau, 38 temps, 39 télégramme, 40 temps, 41 tiers, 42 tente, 43 terrain

VIII: 1 termine, 2 touche, 3 transforme, 4 travaille, 5 traîne, 6 traîtez, 7 tousse, 8 tournez, 9 trompez, 10 troubler, 11 tremblent, 12 tricote, 13 traverser, 14 trouvé, 15 tué, 16 trouve, 17 taire, 18 tarde, 19 taille, 20 tendu, 21 tient, 22 tendent, 23 touche, 24 tomba, 25 tirer, 26 transformé, 27 traîne, 28 tourné, 29 tromper, 30 traversé, 31 trompent, 32 trouvé, 33 taire, 34 tenait, 35 tente, 36 touche, 37 tombe, 38 tendre, 39 tient

IX: 1 tard, 2 tant, 3 tout à coup, 4 toujours, 5 tous, 6 treize, 7 très, 8 tranquilles, 9 tristes, 10 trop, 11 trouble, 12 tellement, 13 tel, 14 tantôt ... tantôt, 15 très

X: 1 à temps, 2 toilette, 3 à, 4 toi, 5 à, 6 touchant, 7 tandis, 8 en même temps, 9 tiens, 10 tous, 11 en train, 12 de, 13 tour, 14 les, 15 toutefois, 16 à travers, 17 tour ... tour, 18 parte, 19 traînant, 20 tourner, 21 tant, 22 de, 23 traîner, 24 tour, 25 coups de tonnerre
devinette: tendre

Combien de fautes avez-vous faites?

	I à VI	VII à IX	X
très bien	0– 5	0– 9	0– 2 fautes
bien	6–10	10–19	3– 5 fautes
satisfaisant	11–15	20–29	6– 8 fautes
douteux	16–26	30–48	8–12 fautes
A revoir!	plus de 26	plus de 48	plus de 12 fautes

U et V comme Une Victoire bien méritée!

Victoire! Voilà la fin! *Vous* écriez-*vous. Voyons, vous* n'avez quand même pas *veillé* toutes les nuits pour apprendre! (D'ailleurs cela n'aurait pas été bon pour *votre vue.*) Et vous reconnaitrez, sans doute, que *votre* travail a été *utile* et que *vos* connaissances ne sont plus aussi *vagues.*

I Quel est le contraire?

1. Son verre est déjà *vide,* celui de sa femme est encore
   a) là.
   b) plein.
   c) sale.
2. Luc n'en a qu'une idée *vague,* Yves en a une idée bien
   a) certaine.
   b) précieuse.
   c) précise.
3. Il est dangereux d'aller trop *vite* en voiture, allez
   a) doucement.
   b) longtemps.
   c) lent.
4. Pourquoi dire que c'est *vrai,* quand tu sais que c'est
   a) juste.
   b) interdit.
   c) faux.
5. Sa famille apprit qu'il était *vivant,* alors qu'on le croyait
   a) blessé.
   b) mort.
   c) disparu.

II Qu'est-ce qui veut dire la même chose?

1. Le froid vif lui avait rougi le *visage.*
   a) le nez
   b) la figure
   c) le corps
2. *Fais-voir* ce que tu as acheté!
   a) révèle
   b) montre
   c) ouvre

III Quelle est la suite qui convient?

1. Il est enfant unique c'est-à-dire qu'il
   a) n'a ni frère ni sœur.
   b) est merveilleux.
   c) est singulier.
2. Je l'ai vu de mes propres yeux
   a) parce que je les avais lavés.
   b) parce qu'ils m'appartiennent.
   c) parce que j'y étais.

IV Est-ce que c'est **faux? juste?**

	faux?	juste?
1. L'ouvrier travaille dans une usine.	○	○
2. Le vapeur est un bateau qui marche à la vapeur.	○	○
3. Si on plante de la vigne, on aura du vin.	○	○
4. A perte de vue = aussi loin qu'on peut voir.	○	○
5. Un oiseau est un animal qui vole.	○	○
6. Une voleuse est une femme qui vole.	○	○
7. La vache est un animal qui donne du lait.	○	○

V Quels sont les mots qui vont ensemble?

1. la viande
2. la veste
3. la vie
4. la valise
5. la victoire
6. la vallée
7. la vitesse
8. la victime

a) la voiture, b) la lutte, c) le voyage, d) le veau, e) la mort, f) l'accident, g) le fleuve, h) le vêtement

VI Quelles sont les prépositions qui conviennent?

à, de, en

1. ..... toute vitesse
2. ..... vain
3. ..... valeur
4. ..... première vue
5. ..... perte de vue
6. ..... la veille de notre départ
7. la ville ..... Paris
8. parler ..... voix basse
9. ..... la vue de
10. ..... vrai dire

à, de, en

11. venir .....
12. en venir .....
13. user ..... qc
14. faire bon usage ..... qc
15. rendre visite ..... qn
16. voir ..... ses propres yeux

Vous venez de prouver qu'avec de la *volonté* on arrive à faire les choses les plus difficiles. La *voie* à suivre était quelquefois longue et dure, mais j'espère que *vous* avez profité des exercices et que vous *ferez bon usage* de ce que *vous* avez appris.

VII Trouvez les substantifs qui conviennent.
(Ils commencent tous par «u» ou «v».)

1. Le courage est une .....
2. La plupart des gens partent en ..... en été.
3. Nettoyez l'appareil à l'eau claire après ..... !
4. Le vent soufflait avec une ..... extraordinaire.

5. Il est arrivé à la ..... de notre départ.
6. Le marché commun ne peut pas exister sans l'..... des différents pays.
7. C'est une vieille montre en or de .....
8. Avec l'âge, sa ..... avait beaucoup baissé. Il ne pouvait plus lire le journal.
9. Dans les gares de petites villes, on peut lire très souvent: Défense de traverser les .....
10. La ..... de cette usine m'a beaucoup intéressée.
11. Souvent, en ville, les gens ne savent pas qui est leur .....
12. Il est parti à l'armée comme .....
13. A la frontière, tous les ..... doivent montrer leurs papiers.
14. Dans les pièces de Racine, il y a ..... de lieu, de temps et d'action.
15. Ses ..... auprès du malade l'avaient beaucoup fatiguée.
16. On dit souvent aux enfants que, s'ils mangent trop de chocolat, ils auront mal au .....
17. Vous accepterez bien un ..... de vin?
18. Non, ce soir nous ne pouvons pas sortir, nous avons de la .....
19. On n'a pas le droit d'occuper toute la route, on doit toujours laisser la ..... libre pour les autres.
20. Il faut travailler pour gagner sa .....
21. L'..... fait la force.
22. Que pourrais-je offrir à la maîtresse de maison? Connaissez-vous les ..... de ce pays?
23. Le gouvernement a employé la ..... pour étouffer la révolution qui se préparait.
24. Il faut beaucoup de ..... pour arriver à un bon résultat.
25. Je suis heureuse de te revoir. Ton ..... s'est bien passé?

VIII Trouvez le verbe qui convient.
(Ils commencent tous par «u» ou «v».)

1. Quand on ..... trop longtemps, on est fatigué le lendemain.
2. Il a réussi à ..... sa vieille voiture assez cher.
3. Quand on marche beaucoup, on ..... très vite ses chaussures.
4. Il commanda à boire et, on vint lui ..... un verre de vin.
5. Avez-vous déjà ..... les châteaux de la Loire?
6. Je lui en ..... de s'être conduit de cette façon.
7. De quoi .....-il, s'il ne travaille pas?
8. Je ..... bien vous aider, mais je ne m'y connais pas du tout.
9. Non, Jean n'est pas là. Il ..... de partir.
10. Vous pouvez le jeter, il ne ..... plus rien.
11. Il ..... de son droit chaque fois qu'il le peut.
12. ..... un peu d'eau du pot, sinon tu vas tout verser!

IX Trouvez l'adjectif ou l'adverbe qui convient.
(Ils commencent tous par «u» ou «v».)

1. Jeanne d'Arc a été brûlée .....
2. Il faut que je m'achète une autre veste, celle-ci est .....
3. Votre demande est ....., il ne cédera pas.
4. «Quel âge peut-elle avoir?» – «Elle paraît plus ..... qu'elle ne l'est.»
5. Au printemps, les feuilles des arbres sont .....
6. Son avis est assez ..... du mien.
7. J'ai préféré vous en parler, cela peut vous être .....
8. A leurs pieds, s'étendait une ..... plaine.
9. Il est très ..... de caractère et se met en colère pour un rien.
10. D'un petit mouvement ....., elle lui imposa silence.
11. Quand on a surpris quelqu'un à mentir, on se demande toujours, ensuite, s'il dit ..... la vérité.
12. Cet enfant sait déjà ce qu'il veut, il est très ..... pour son âge.
13. Les élèves aiment bien les cours de M. Dubois, car ils sont très .....
14. Cette montre est en or .....

X Trouvez les mots qui manquent.
(Ils ne commencent pas tous par «u» ou «v».)

1. Il ..... mieux se taire que de trop parler.
2. Les hommes politiques français terminent souvent leurs discours par: «..... la France!»
3. Sa femme descendit ..... voiture pour nous saluer.
4. Veillez à ce que l'enfant n'..... pas sur la route.
5. ..... voilà qui arrivent! Est-ce que tu as fini de mettre la table?
6. Le nouveau maire? Je ne le connais que ....
7. Il est parti faire un voyage ..... l'étranger.
8. Je veux ..... faire ce travail.
9. Cela vaut .... de faire un effort.
10. Le fils du voisin ..... souvent jouer avec nous.
11. Je veux qu'il s'en ..... ; il me gêne.
12. Vous n'avez pas retrouvé vos gants? Mais regardez donc, les .....!
13. Il vaut mieux .... le médecin.
14. C'est l'usage en France de manger du poisson ....
15. Le terrain sur lequel se trouve la source le la Seine appartient à .... Paris.

Une petite devinette pour finir:

On les prononce les trois de la même façon.
Il s'agit d'un adjectif,
d'un substantif
et d'une préposition.
Lesquels?

Voilà, vous avez terminé! Pour fêter cela, levons nos *verres*. «*Vive* les *langues vivantes* et le français!»
Et *vive* les *vacances!*

Voilà ce qu'il fallait répondre:

I: 1b, 2c, 3a, 4c, 5b
II: 1b, 2b
III: 1a, 2c
IV: 1–7: Toutes les phrases sont justes.
V: 1d, 2h, 3e, 4c, 5b, 6g, 7a, 8f
VI: 1 à, 2 en, 3 de, 4 à, 5 à, 6 à, 7 de, 8 à, 9 à, 10 à, 11 de, 12 à, 13 à, 14 de, 15 à, 16 de
VII: 1 vertu, 2 vacances, 3 usage, 4 violence, 5 veille, 6 union, 7 valeur, 8 vue, 9 voies, 10 visite, 11 voisin, 12 volontaire, 13 voyageurs, 14 unité, 15 veilles, 16 ventre, 17 verre, 18 visite, 19 voie, 20 vie, 21 union, 22 usages, 23 violence, 24 volonté, 25 voyage
VIII: 1 veille, 2 vendre, 3 use, 4 verser, 5 visité, 6 veux, 7 vit, 8 veux, 9 vient, 10 vaut, 11 use, 12 vide
IX: 1 vive, 2 usée (vieille), 3 vaine, 4 vieille, 5 vertes, 6 voisin, 7 utile, 8 vaste, 9 violent, 10 vif, 11 vraiment, 12 volontaire, 13 vivants, 14 véritable
X: 1 vaut, 2 vive, 3 de, 4 aille, 5 les, 6 de vue, 7 à, 8 bien, 9 la peine, 10 vient, 11 aille, 12 voici, 13 faire venir, 14 le vendredi, 15 la ville de
devinette = vert, verre, vers

Combien de fautes avez-vous faites?

	I à VI	VII à IX	X
très bien	0– 4	0– 5	0–1 faute(s)
bien	5– 8	6–10	2–3 fautes
satisfaisant	9–12	11–15	4–5 fautes
douteux	13–20	16–25	6–7 fautes
A revoir!	plus de 20	plus de 25	plus de 7 fautes

Maintenant que vous avez fini, vous pouvez comparer encore une fois vos résultats. Est-ce que cela a marché comme vous le vouliez?

Lettre A	I–VI	VII–IX	X .....
Lettre B	I–VI	VII–IX	X .....
Lettre C	I–VI	VII–IX	X .....
Lettre D	I–VI	VII–IX	X .....
Lettre E	I–VI	VII–IX	X .....
Lettre F	I–VI	VII–IX	X .....
Lettres G et H	I–VI	VII–IX	X .....
Lettres I et J	I–VI	VII–IX	X .....
Lettre L	I–VI	VII–IX	X .....
Lettre M	I–VI	VII–IX	X .....
Lettres N et O	I–VI	VII–IX	X .....
Lettre P	I–VI	VII–IX	X .....
Lettres Q et R	I–VI	VII–IX	X .....
Lettre S	I–VI	VII–IX	X .....
Lettre T	I–VI	VII–IX	X .....
Lettres U et V	I–VI	VII–IX	X .....

Relisez les conseils de la page 62. Ce qui vous y a été dit vaut toujours.